Informe Sobre La Mejora Y Aumento De La Cría De Caballos Dado Al Supremo Consejo De La Guerra. Por ... D. Antonio Amar, D. Manuel Freyre, El Marques De Casa-Cagigal Y El Mariscal De Campo, D. Diego Ballesteros, Extendido Por El Citado Marques, Individuo De La Junta, Y Con Arreglo Á Las Opiniones De Ésta
by Antonio Amar

Copyright © 2019 by HardPress

Address:
HardPress
8345 NW 66TH ST #2561
MIAMI FL 33166-2626
USA
Email: info@hardpress.net

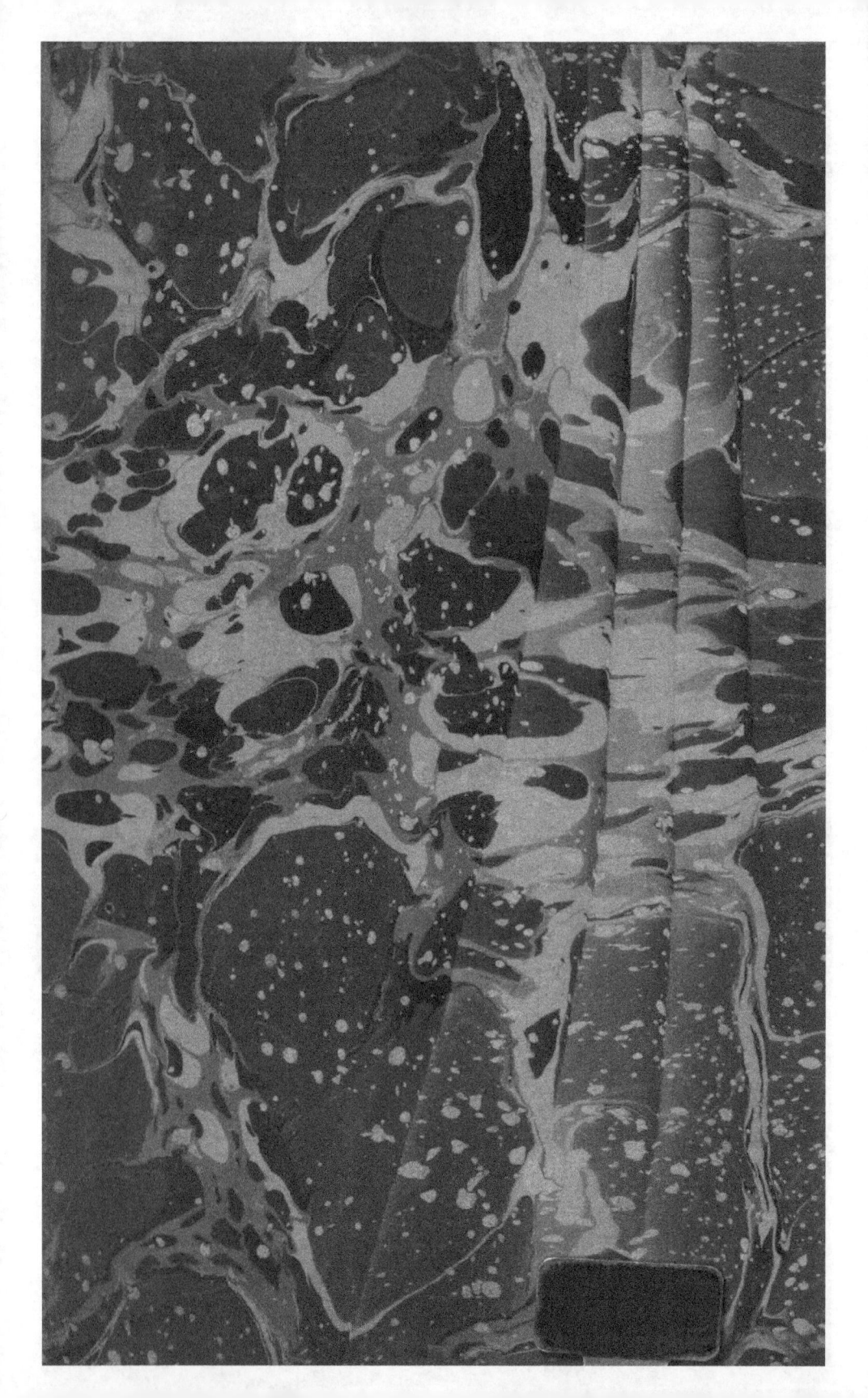

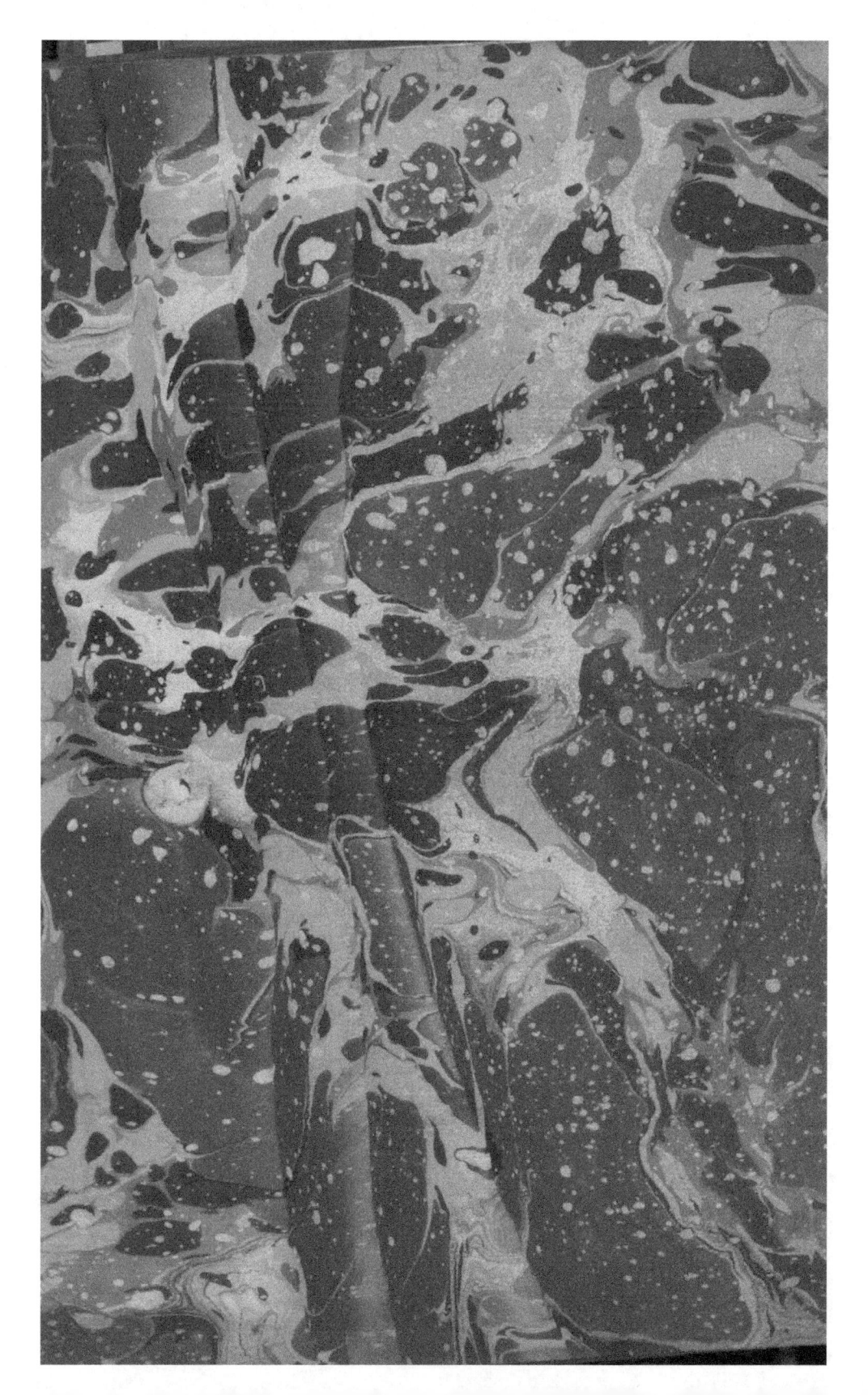

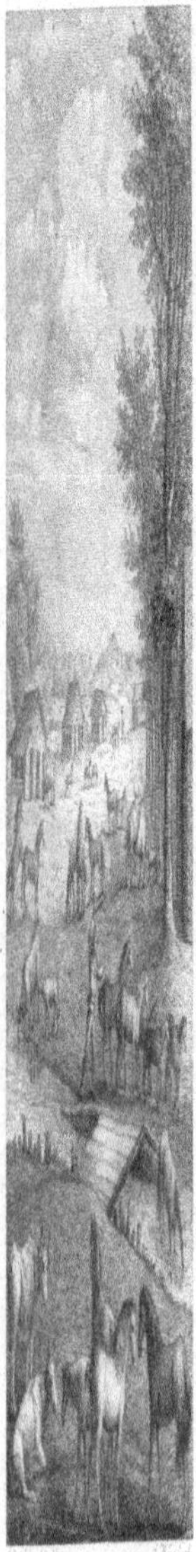

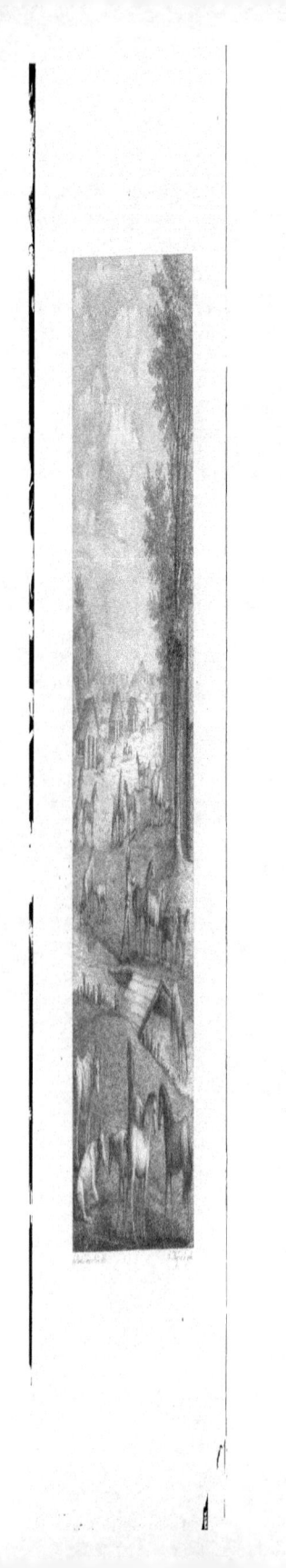

INFORME

SOBRE LA MEJORA Y AUMENTO

DE LA CRIA DE CABALLOS

DADO

AL SUPREMO CONSEJO DE LA GUERRA

POR LOS TENIENTES GENERALES

D. *Antonio Amar*, D. *Manuel Freyre*, EL *Marques* DE *Casa-Cagigal* Y EL *Mariscal* DE *Campo* D. *Diego Ballesteros*,

EXTENDIDO

Por el citado Marques, individuo de la junta, y con arreglo á las opiniones de esta.

IMPRESO CON APROBACION DE S. M.

BARCELONA:

EN LA IMPRENTA DE AGUSTIN ROCA,

AÑO DE 1818.

. . . .
Necnon et pecori est idem delectus equino.
Tu modò, quos in spem statuis submittere gentis,
Præcipuum jam indé à teneris impende laborem.

      Virg. *Georg. lib. III.*

AL SERENISIMO SEÑOR

EL SEÑOR INFANTE DON CARLOS.

SEÑOR.

Felizmente no han podido vacilar los generales, que dieron su informe al supremo consejo de la guerra, sobre el aumento y mejora del ganado caballar en España, en cuanto á la excelsa persona á quien debia dedicarse; porque en aquel manifestaron que solo *V. A. S.* podia realizar sus ideas y hacer á la nacion un bien tamaño. Faltábales empero la real aprobacion de S. M. el muy amado Sr. D. Fernando vii, nuestro augusto Soberano, y hermano de *V. A. S.* El consejo quiso solicitarla, y la bondad del Rey la concedió mandando en su real orden de 10 de setiembre de 1817, comunicada por el supremo consejo de la guerra en 5 de octubre del mismo año, que se excitase el zelo de los que dieron el informe para que imprimiesen y circulasen su escrito. Obedecen pues, Señor, y tienen la honra, de que el augusto nombre de *V. A. S.* sancione las verdades que creen haber demostrado, y to-

me por suyo el empeño de protegerlas. Si fuera el crédito de los que informaron el interesado en la proteccion que reclaman, su respeto hácia la real persona de V. A. S. los hubiera arredrado en su ruego; pero es el bien de la nacion, y es ya absoluta su confianza. La nacion pide, V. A. puede conceder. Felices muchas veces los que dirigen la súplica y esperan sus resultados. Respetar y obedecer á los reyes, y á su real familia, es siempre un deber, pero unir á este el amor, y un amor sin límites, hace á un tiempo la felicidad del monarca, y la de los vasallos. Bajo estos auspicios puede V. A. S. reclamar del padre de sus pueblos, de su augusto hermano, las ordenes y los medios que aseguren la mejora que se desea. Sean las luces y la suprema autoridad de V. A. S. las que hagan todo el bien, y acompañemos nosotros á la nacion entera en bendecir á sus benéficos reyes, y á su augusta familia, rogando en particular á V. A. S. se digne admitir la pequeñez del don, y la respetuosa sumision de los que le ofrecen.

SEÑOR
A. L. R. P. de V. A. S.

Antonio Amar, Manuel Freyre, el Marques de Casa-Cagigal, Diego Ballesteros.

SEÑOR.

La junta de generales, que tuvo el honor de pasar á V. M. el informe que se sirvió pedirle sobre los planes propuestos para la caballería del ejército, respetuosamente reconocida á la aprobacion que ha merecido á V. M. de lo que le informó sobre el asunto indicado, y deseosa de merecer la continuacion de las bondades de V. M., va á exponer, con todo el miramiento y detenida reflexion que la materia pide, y reclaman la utilidad nacional, las ventajas del mejor servicio de S. M. y la circunspeccion del supremo tribunal á quien se dirige, el fruto de sus reflexiones sobre la mejora de la cria de caballos y extincion prudente de la de mulas. Para lograrlo ha creido oportuno dividir el informe en cuatro puntos.

PRIMER PUNTO.

Excesivo número de mulas que impide prospere la casta de caballos, y trae otros perjuicios al estado. Pruebas de lo que abundaron antiguamente en España los caballos. Decadencia de estos.

SEGUNDO PUNTO.

Precision de procurar pastos para la cria de caballos, y medios de lograrlo. Usos de estas mejoras con las yeguas y potros. Perjuicios de la trilla violenta con las yeguas.

TERCER PUNTO.

Necesidad de introducir yeguas y caballos padres, y reparto de uno y otro por provincias.

CUARTO PUNTO.

Medios indirectos de fomentar este ramo, y de destruir prudentemente el número y calidad del ganado mular.

1º Habla, Señor, á un tribunal sabio, despreocupado y muy amante de su Rey y de su nacion, y con estos datos nada la detendrá en la exposicion de sus ideas, convencida de que cuando no las apruebe la sabiduría del consejo, sabrá dejar á cargo de la buena intencion de sus autores, la disculpa de sus yerros ó de sus omisiones.

2º La historia del brillante estado de nuestras castas de caballos por los tiempos de D. Felipe 3º y mucho antes, no cree la junta deber reproducirla con la extension que lo hizo el Dr. D. Josef de Arcos en el año de 1757; pero aunque la sabiduría del consejo, no necesite de las ligeras apuntaciones que sobre ella va á determinar el informe; sin embargo, para ilustrar la materia de un modo que sirva á lo ménos de acreditar lo que se ha deseado profundizarla, ha creido oportuno dar principio á su relato por estas mismas noticias.

3º Dijo, Señor, la junta que creia un error, la comun persuasion de que solos los caballos andaluces tenian las calidades necesarias para el servicio del ejército y demas usos á que se destinan estos hermosos animales, y lo dijo, porque sabia que Plinio (1) alaba muy mucho á los de Asturias y Galicia, nombrando *fieldones* á los de cuerpo muy grande; y *asturcones* á los de menos talla.

4º El poeta Gracio Faliseo, que escribió el poema latino *cinegeticon* ó de la caza, hablando de los caballos españoles, dice:

Gallecis lucratur equis scruposa Pyrene
Non tamen hispano Martem tentare minacem.
Ausim Murcibii vix ora tenacia ferro
Concedunt. . . . .

Continua despues haciendo un elogio de los caballos gallegos exclusivamente á proposito para los terrenos quebrados.

___
(1) Natur. hist. lib. 8. cap. 42.

5º Nuestro poeta Marcial elogia á los de Asturias en el Epig. 199 de este modo:

Hic brevis, ad numerum rapidos qui colligit ungues,
Venit ab auriferis gentibus Astur equus.

Y en el libro primero Epig. 50 dice asi:

Videbis altam, Liciniane, Bilbilim
Equis et armis nobilem.

Justino (1) dice: *Que los caballos de Galicia y Lusitania son tan veloces, que no sin motivo parece los concibió el mismo viento.* Pomponio Mela, Estrabon citando á Posidonio, Vegecio y otros muchos autores de aquellos y de anteriores tiempos, hacen elogios de los caballos españoles de un modo *nada equívoco;* y la junta ni cita los libros y ediciones que ha visto sobre la materia, ni tampoco juzga oportuno copiar los muchos pasages de los diálogos de Juan de Arrieta sobre la fertilidad de España, por no entretener al supremo consejo con noticias que tal vez parecerian exóticas, y que estarian ciertamente demas para la sabiduría y literatura del mismo tribunal; pero como desea dar razon exacta de los motivos en que funda sus opiniones, le parece preciso copiar lo que dice el citado Juan de Arrieta en la pag. 329 sobre la poca nombradía antigua de los caballos andaluces. *En historia alguna, que yo haya leido (dice Arrieta), hallo que antes del rey D. Juan el 1º se haya hecho mencion de caballos andaluces. Asi hasta la guerra contra Portugal en que sucedió la de Aljubarrota, no hay noticia de caballos andaluces.* Este pasage prueba de un modo auténtico, que en España

(1) Lib. 44. cap. 3.

los caballos de todas las provincias fueron cuanto se deseaba para la guerra y para los usos civiles. Ni aun mucho despues pudo ser de otra manera; porque verificada la irrupcion sarracena, se hubieron de pasar muchos siglos antes que renaciese nuestra agricultura y con ella la abundancia de caballos, y la nombradía de sus buenas calidades. No hay duda que estableciendo los moros andaluces la agricultura nabatea, en los climas mas cómodos para sus cánones, se arraigó esta prodigiosamente en nuestras provincias de levante y mediodia, pero los moros andaluces fueron los últimos que salieron del territorio español, y asi hasta la conquista de Toledo, apenas se conocia otra agricultura que la de nuestras provincias septentrionales, y de aqui la gradual abundancia de caballos en aquellas, en los paises llanos de Leon y Castilla, que fueron los conocidos por los autores mas remotos, y los de la edad media.

6º Los autores extrangeros, y entre ellos Mr. de Chevigni en el folio 5 de su ciencia para las personas de corte, Mr. de Garsault que escribió en el año de 1741, dicen: *El primero, que los caballos del principado de Asturias, son los mas fuertes de toda España: y el segundo en la pag. 52, que aunque se hallan pocos caballos buenos en España, son excelentes para la guerra y para el picadero, teniéndose por mejores los andaluces.* De estos pasages se deducen dos verdades; una que los caballos asturianos se consideraban como excelentes, y otra que aunque se daba preferencia á los andaluces, ya era conocida en el año 1741, por los extrangeros la notable decadencia de nuestros caballos.

7º El señor D. Felipe 5º tomó varias providencias al parecer ejecutivas para la mejora y aumento de caballos, y en tiempo del señor D. Fernando 6º año de 1757 se publicó la eruditísima ordenanza de caballería en que abundan las noticias, abunda la ciencia económica, brilla el método, y el modo correcto de escribir, y sin embargo los efectos no correspondieron á unos medios al parecer tan acertados. El señor D. Carlos 3º, abuelo de nuestro amado Soberano, mandó publicar una recopilacion de aquella sabia ordenanza en el año de 1775; y sin embargo las castas de caballos han ido á menos desde entonces, y la nacion llora sin fruto, y llora casi sin esperanza.

8º Pareciera aventurada esta proposicion, si el supremo tribunal á quien se dirige, no supiese con evidencia que los regimientos de la caballería del Rey se han visto precisados para poder remontarse á tener arrendadas dehesas para ir criando potros, desde uno, dos, ó tres años hasta la edad en que pueden servir. La penuria y la necesidad, han precisado al Rey, á desperdiciar, digámoslo asi, racion y gratificaciones por caballos que no pueden servirle en muchos años; y aquella caballería misma que en otro tiempo fue el terror de los enemigos de la nacion, viene á ser en el dia un esqueleto comparativo, que horroriza al que se acuerda de lo que fuimos en este ramo. Generales de caballería, que conoceis estas verdades, vasallos todos individuos de una nacion tan heroica, tan sufrida, tan amante de vuestro Rey, tan gloriosa en los siglos que pasaron, no os acordeis del estado de la caballería española en los seis últimos años de la guerra que acabais de fenecer. (*) Las derrotas, las pérdidas esteriles, la impotencia

(*) Este informe se concluyó en 7 de marzo de 1815.

física y moral de una arma, que será siempre en todas las naciones el medio mas seguro de completar los triunfos, atribuidlas con justicia al deterioro de los caballos y á la nulidad absoluta de la instruccion; y V. M., Señor, que manda exponer las verdades, amargas sí, pero que no deben por mas tiempo estar ocultas, ni al mejor de los reyes, ni al tribunal que le auxilia en el encargo complicado de la guerra, V. M., Señor, se ha de dignar permitir este desahogo á la junta que tiene el honor de proponerle un remedio, en su juicio, eficaz para lo venidero.

9º Cuando se peleaba con armadura de hierro y la silla acerada aumentaba el peso del hombre armado, cada caballo sufria las fatigas de la guerra con trece á catorce arrobas, y en el dia será muy raro el caballo que pueda resistir este peso á la verdad tan considerable. Las mismas mulas han degenerado tambien proporcionalmente en su fuerza y vigor. Cuando los coches eran de viga, muy imperfecta su construccion, pues eran de estribos y muy pesados, un par de mulas iban con seis ú ocho personas á la Casa de campo, y á Migas calientes, únicos paseos conocidos entonces en Madrid, y por unos caminos no poco escabrosos y desiguales. No hay en el dia par de mulas de las que cuestan diez ó doce mil reales cada una, que puedan hacer otro tanto. Nuestros soldados de caballería, no llevan en el dia menos de diez y media á once arrobas por lo comun. Pesados con la mayor escrupulosidad los enseres del soldado resultan de peso cinco arrobas, diez onzas y ocho adarmes en estos enseres; demos de peso al soldado cinco arrobas y media por lo regular, resultan diez arrobas diez y seis libras quince onzas y ocho adarmes. Los carabineros reales, los coraceros deben exceder bastante de este peso, y de él resulta en mucha parte que nuestros caballos, débiles por lo comun, y mal comidos por lo regular, se inutilizan á los pocos meses de campaña. Lo primero se remediará con la mejora de las castas, y lo segundo con que S. M. resolviese que la racion de cebada se suministrase por peso, como se practica en toda Europa, y como en España se verifica con la paja. Este medio indirecto remediará mejor que muchas ordenes y muchas amenazas la supercheria de los proveedores, que saben maravillosamente el secreto de hacer, que media fanega abulte como lo pide esta medida, y que apenas se encuentren en ella la mitad de granos que no esten vanos, de modo que el caballo no come ni aun media racion de la señalada. En el exacto peso verificado, resulta que la media fanega de cebada bien cribada y neta, pesa una arroba, ocho onzas y cuatro adarmes. Debe advertirse que la medida citada se verificó con la cebada de provision, que en el dia se da en esta plaza, y cotejado el peso con igual cantidad de cebada de buena calidad resulta, que la de provision tiene de menos peso en la media fanega diez libras siete onzas y doce adarmes y esto despues de bien cribada y límpia. Este cálculo exacto, y muchas veces rectificado, determina á la junta á rogar á V. M. incline el real ánimo á que el peso de la racion diaria de cada caballo de su ejército sea de diez libras; en inteligencia de que el cuartillo de cebada bien límpia y de buena calidad pesa libra y media; luego seis cuartillos, que es la racion diaria que en la actualidad se considera á cada caballo, serán nueve libras justas; y determinándose que esta racion se aumente á diez libras diarias, resultará de aumento á cada cuartillo de cebada dos onzas y media, sobrando una onza que debe repartirse entre seis, cantidad que se desprecia por casi negativa; y en el total de las diez libras diarias, resultarán diez y seis onzas mas de cebada á los seis cuartillos que ahora se abonan para cada caballo; y como jamas la cebada de provision será igual en su calidad á la que se ha pesado para determinar este cálculo, es sin duda equitativo, y será de muchas ventajas para el servicio del Rey determinar el aumento de estas diez y seis onzas para que sirvan de compensacion á la infima calidad de la de las provisiones; y de este modo comerá el caballo de caballería dándole diez libras de cebada diaria próximamente la justa racion que tiene señalada. Para este logro es preciso celar escrupulosamente, que el oficial que debe presenciar el recibo de las datas, se asegure de que la cebada esté límpia y sea de buena calidad, porque de lo contrario se perderia mas que se ganaria con este método, el único acaso que puede remediar el daño comun de que los caballos del ejército sean víctimas de los amaños de la codicia y la mala fe. La junta vuelve á rogar al supremo consejo que no desatienda esta reflexion, y que vea el modo de que se adopte un medio tan oportuno y tan sencillo.

10. Enunciada ya la opinion de la junta del escaso número de caballos que hay en España y la indudable decadencia de su fuerza y vigor, va ahora á tratar de las causas del primer daño para metodizar sus ideas.

11. Dijo la junta en su anterior informe que la asombrosa abundancia de mulas, la muli-mania, si es lícita es-

ta expresion de los pudientes para sus coches de collera y pechera, los amaños y protegidas diligencias de los manchegos en el uso del garañon y en la cria de sus engendros, son, han sido y serán la verdadera causa de la diminucion de caballos en España. Interin no se sacrifique á la causa pública el interes de algunos particulares pudientes, é interin tambien no se observen escrupulosamente las leyes sencillas que deben prohibir que se destinen al garañon las mas grandes y mejores yeguas, cuyo producto es infecundo, la raza de caballos disminuirá en la razon misma cuando menos, que se aumente la de mulas, ó machos; y si como va dicho se prohibe el uso del garañon, acreditando la experiencia que la yegua es mas fecunda al natural que al contrario, es igualmente cierto que nacerán muchos mas potros ó potrancas que ahora nacen mulas ó machos, y en pocos años se aumentará su casta en proporcion de las yeguas de vientre que se aumenten por el solo medio de negarlas al garañon.

12. Es comunísima la diligencia en los manchegos de pasar á comprar por sí ó por comisionados ladinos á las Andalucías, las mejores yeguas que pueden hallar, valiéndose de la penuria de los tiempos, y del atraso de algunos mayorazgos, ó pelantrines para ponerlos en la precision de vender las yeguas que desean y que pagan sin reparo á un tercio ó á una mitad mas del valor metálico, que es el comun en aquella época. Supongamos para concretar nuestro juicio, que un manchego llega en Andalucía á un criador que tiene sesenta yeguas; sabe que está necesitado, y le ofrece pagar cada yegua, si se las deja elegir en la piara, á mil reales mas de lo que es en-

tonces su precio corriente; cómprale veinte con estas condiciones y se las lleva de las mas hermosas y mas alzada, y de la mejor salud exterior de las sesenta de la piara.

13. Es de absoluta verdad que las cuarenta yeguas inferiores con que se quedó el andaluz, no pueden producir tan buenos potros ó potrancas, como hubieran producido las veinte que vendió escogidas; las cuales yeguas muertas en la Mancha despues de haber producido por un cierto número de años un fruto infecundo, precisaron al manchego comprador á volver por otras veinte tambien escogidas entre las que años anteriores fueron tenidas por inferiores. Esta sencilla narracion hace concebir, cuan precipitadamente es preciso decaigan nuestros caballos tan celebrados hace muchos siglos. Debiendo notarse que esto sucede en Andalucía donde está prohibido el uso del garañon, y que en las demas provincias en que es permitido, no debió existir el menor obstáculo para tener mulas de las mejores yeguas, y por consiguiente en estas provincias, es preciso haya sido mas rápida la escala descendente de la raza caballar, y vea aqui, Señor, V. M. la razon de que conserven los caballos andaluces el nombre de mejores en la nacion española, y el porque en las provincias de Asturias, Aragon, Extremadura, Galicia, Castilla, montañas de Santender, y aun de Vizcaya, ni en el principado de Cataluña se halla un caballo que pueda dar, ni aun una idea confusa de lo que en otro tiempo fueron.

14. Queda dicho, y es preciso convenir en que, si todas las mulas que han nacido desde el destructor establecimiento del garañon acá hubieran sido yeguas, y todos los ma-

chos caballos, suponiendo á las yeguas fecundas solo lo necesario para que una con otra diesen en el tiempo de su vida cuatro ó cinco crias, hallariamos casi centiplicado el número de nuestras yeguas y caballos respecto al que hemos tenido de mulas, porque la yegua es mas fecunda al natural que no al contrario. Con esta abundancia que no es quimérica en el caso supuesto, no solo no hallariamos escasez de caballos para ninguno de los usos á que pueden destinarse, sino que en no tratando de que se extrajese el sobrante para el extrangero, seria preciso discurrir un medio para minorar el número de caballos y yeguas, que nuestra península puede producir.

15. Para determinar geométricamente la diferencia que en el ramo de que se trata hay de lo fecundo á lo infecundo, es conveniente hacer una demostracion comparativa á que no podrán menos de ceder los que no quieran renunciar al sentido comun. Conviene tambien establecer la máxima de que muchas veces es preciso hacer bien á los hombres contra su propia voluntad, descaminada con harta frecuencia por un cálculo equivocado, que importaria bien poco perjudicase al individuo ignorante y tenaz, sino refluyese este daño mismo en perjuicio comun de la sociedad entera. Entremos en materia.

16. El interes mal entendido de los criadores de mulas manchegas y de otras provincias los alucina porque discurren así. *Una mula que me produce la yegua dada al caballo, me da tres mil reales, y por un potro ó potranca que me nace de la misma yegua dada al caballo, solo me dan mil reales: luego mi interes manda que prefiera tres mil reales á mil.* Esta verdad aislada, lo es porque el cálculo

se ha tomado en solo un sentido y en una suma individual, y se va á demostrar la falsedad del juicio.

17. La comparacion de los precios establecidos, ni para el interes del individuo, ni para el del estado debe hacerse en un solo parto, porque en este caso seria ridículo sostener que tres mil reales no valen mas que mil; debe pues hacerse el cotejo de todo el producto que pueden dar en el discurso de su vida dos yeguas, la una dada al garañon, y la otra dada al caballo, y de este dato resultará, que si se supone que pare la dada al garañon todos los años, dará proximamente catorce mulas en diez y ocho, que á razon de tres mil reales darán de producto cuarenta y dos mil, y suponiendo que la segunda dada al caballo pare catorce yeguas, como estas hijas suyas parirán tambien desde que tengan cuatro años, y parirán tambien las hijas de estas últimas yeguas, cuando su abuela tenga doce años, habrán todas producido en los diez y ocho años ciento y dos crias, que no á razon de los mil reales primer dato, sino á razon de solos quinientos, importarán cincuenta y un mil reales; con que queda demostrado, que excede el producto de la segunda suposicion á solo quinientos reales por cada cria en nueve mil reales y á razon de mil en sesenta mil. Rebájense enhorabuena la pérdida precisa en la muerte del total de yeguas nacidas, ó las que puedan salir infecundas; rebájense los potros que es preciso alternen con las yeguas, siempre resultará un excedente considerabilísimo á favor de la fecundidad contra el interes mayor sin duda en la mula en su primera venta, pero que muere con esta por razon de la infecundidad de la mula que le produjo. Las yeguas, absolutamente hablando, pueden parir

todos los años, entendiendo por año doce meses naturales, y esto se evidencia con saber que la yegua entra en calor á los nueve dias despues de haber parido, y que regularmente concibe á la primera, segunda ó tercera cópula, que es decir en el término de veinte y siete dias cuando mas, y que los potros donde se conoce el verdadero método de criarlos, solo maman cinco, seis, ó á lo mas siete meses. (*) Supóngase que la yegua concibió á últimos de febrero estando criando un potro ó potranca; á fines de agosto ó principios de setiembre, que son los siete meses que cuando mas debe mamar este, se le quita, y la yegua queda preñada, y no pare por lo comun hasta los once meses y algunos dias, (**) vendrá á verificar su parto por enero siguiente. Puede concebir en el mismo mes ó á principios de febrero, con que en el año siguiente puede parir con relacion á las mismas épocas, y puede continuar pariendo en cada año, esto es en cada doce meses naturales. Esto es lo absolutamente posible, pero muy luego se verá la razon de haber establecido este cálculo, que se desprecia para los efectos comunes de la produccion caballar. Y aunque es cierto tambien que la estacion ordinaria del calor de las yeguas es desde principios de abril hasta fines de junio, hay algunas que se ponen en sazon mucho ántes de este tiempo, que es el caso que se eligió por hipótesis.

18. Pero aun hay mas, cuando los caballos no tengan que alternar en su venta con las mulas, y que su mérito para el destino que se les dé, sea real y verdadero, es indudable que el precio de estos caballos ha de subir mu-

(*) Bufon. hist. nat. tom. 7. pag. 121, modo de criar los caballos.
(**) Bufon. hist. nat. tom. 7. pag. 163.

cho del que en el dia tienen, y este valor no es sin duda comparable con el de otra clase, que debe precisamente sacarse del mayor servicio que harán ciento y dos bestias fecundas que catorce estériles. La fuerza física de estas ciento y dos yeguas, aun suponiéndolas mas débiles que las mulas, lo que no será asi si se mejoran las castas; debe ser por un cálculo muy moderado cinco veces mayor, y el uso de estas fuerzas es aplicable á las mejoras de la agricultura, al uso de los correos, á la comodidad, á la precision de las postas, á la magnificencia de los trenes y lujo maximo de los Soberanos, al comparativo de la nobleza, á las necesidades de la guerra, al comercio lucroso con el extrangero, que permitirá y aun mandará su fecundidad progresiva, y finalmente á la misma agricultura.

19. De intento se ha establecido este cálculo empleando solo á las yeguas en los trabajos dichos para dar á nuestras reflexiones toda aquella fuerza, que si no nos equivocamos mucho hallará todo genio pensador pero es justo no exceder en las teorías, y convenir en que para los usos detallados, deben servir los caballos, y haciendo la aplicacion del cálculo propuesto á una serie de productos por decimales, no puede menos de concebirse el crecidísimo número de ganado caballar, que en solos seis años produciria nuestra península.

20. Y para ahorrar trabajo, no á V. M. que sabe mejor que nosotros los resultados, sino á los que puedan leer este informe, y quieran hallar verdades que jamas se controvierten, vamos á extender la primera suposicion de un modo concretado.

21. De las dos yeguas de que queda hecha mencion,

dada la una al caballo, y la otra al garañon, supóngase que ambas mueren á los diez y ocho años, y examinemos que provecho nos dejan de su fecundidad. La dada al garañon nos deja catorce mulas estériles, cuya utilidad y producto acaban con su vida; y la dada al caballo nos deja ciento y dos bestias fecundas, que si fueron producidas por una sola yegua en diez y ocho años en igual término siguiente, las ciento y dos darán al cociente diez mil seis cientas nueve yeguas, que á razon de mil reales importan diez millones, seis cientos nueve mil reales, suma asombrosa en metálico con respecto á la que produjeron las catorce mulas estériles.

22. En el parrafo 17 llevamos dicho que este cálculo es exagerado, tanto en los partos constantes de potrancas como en su duracion, y solo le hemos propuesto para dar una idea de lo que cabe en la posibilidad y demostrar aun á los mas incrédulos la diferencia inmensa que hay de lo fecundo á lo infecundo. Justo es pues que, dejando como inverisímil lo absolutamente posible, nos acerquemos á la verdad con sencillez y precision.

23. Pensamos lograrlo determinando la misma comparacion con veinte y cuatro yeguas, de las cuales, doce se den al garañon, y doce al caballo, y suponiendo que no paran todos los años, sino uno sí y otro no. Por la misma serie algebraica aplicada á estas doce yeguas resulta que en los diez y ocho años, y en los partos alternados que se han supuesto, las dadas al garañon producirán ochenta y cuatro crias estériles, y las que cubra el caballo pariendo como las primeras con un año de intermedio darán seis cientas doce crias fecundas. Es natural y la experiencia lo hace ver que nazcan la mitad de hembras

en el último caso, y en él será el producto tres cientas y seis yeguas y otros tantos caballos. Las tres cientas y seis yeguas producirán en los diez y ocho años siguientes, pariendo tambien un año sí y otro no, diez y seis mil quinientas veinte y cuatro bestias caballares, mas seis cientas doce que dieron las doce primeras, y entonces el total será diez y siete mil ciento treinta y seis bestias fecundas.

24. Se pierde la imaginacion, cuando se examina el número á que puede llegar nuestro ganado caballar, si se proporcionan pastos para su cria, si se auxilian los medios seguros de su fecundidad, y si se considera por otra parte la escasez y penuria á que en este punto hemos venido. Acaso es de imposible, ó á lo menos de dificilísima prueba el hallazgo de las causas en su total, que nos han traido á tanta escasez con mengua de inumerables providencias, de varios reglamentos, y del deseo decidido que siempre ha manifestado el gobierno de remediar un daño que pesa mucho sobre su cuidado, y aun su propio interes. La junta quiere indicar algunas conjeturas, porque está persuadida á que en economía civil como en la salud física, es dar un gran paso para el remedio, el conocimiento de las causas que produjeron la enfermedad.

25. España acogió primero en su seno que otra nacion alguna de las potencias modernas de la Europa las artes y las ciencias. La vicisitud de las cosas humanas, y las circunstancias que son siempre su efecto, produjo el que era preciso en el descubrimiento de las Américas. El producto en numerario de sus ricas minas hizo que decayesen nuestras fábricas y nuestra agricultura. No es dado á los hombres dejar de alucinarse con aquella riqueza facticia y pa-

3

sagera que consiste en un numerario excedente; manantial efímero de todos los goces y medio seguro de emprender y conseguir momentaneamente. Las naciones siguen en grande por lo regular la misma conducta que los particulares, y son harto comunes las familias, cuya segunda generacion gime en la indigencia, si sus padres debieron al comercio ó á la casualidad un caudal en efectivo que se disipa en razon de la facilidad en expenderle. De aqui es que solo los bienes raices, esto es la agricultura, hacen la riqueza inmoble, la felicidad constante de los pueblos y de los particulares.

26. Cuando decae la agricultura arrastra en pos de sí los productos naturales del suelo mas fértil, y es preciso que esto sucediese con nuestras famosas castas de caballos en la época que se cita; y parece una prueba incuestionable de esta verdad, la resulta que lloramos de no hallarse un solo caballo de cierta clase ni en Castilla, ni en Asturias, ni en Galicia, y enfin en ninguna otra parte que en los cuatro reinos de Andalucía, y estos degenerados de un modo lastimoso.

27. La poblacion sufrió tambien mucho con la expulsion de los moriscos. Las emigraciones á América y el celibato que acrecía en proporcion de los alistamientos, levas y quintas para las continuas guerras, recayó entonces principalmente sobre los labradores; y como era indispensable que á la escasez de brazos para las labores del campo, se siguiese la de los productos rurales, parece que debió entonces introducirse el arar con mulas, supliendo de este modo por la mas tierra que estas revuelven el uso lento aunque tan productor de los bueyes. Era una con-

secuencia precisa de este nuevo método, destinar las yeguas mas grandes y mejores al uso del garañon para que produjesen mulas grandes, y las labores se multiplicasen en razon de la fuerza y mayor andar de estos mónstruos, que debieron considerarse como la rendicion de las labores rurales; y de aqui infiere la junta que fue este el primer paso que en breve atrajo la destruccion de nuestras castas de caballos. Introdujéronse despues los coches en mayor abundancia: el orgullo y la falta de reflexion de los pudientes, aplicó á su servicio las mulas de mas cuerpo y mas lozanía, quedando entonces para la fatiga del arado y demas de las faenas del labrador las mas pequeñas, las cojas y mancas, que es lo que en el dia vemos practicar en todas las provincias en donde se ara con mulas.

28. Otra prueba de que antiguamente se araba con bueyes en España, es la práctica de que en todas las Américas se labra con estos benéficos animales; porque siendo evidente que de España se dieron los usos y costumbres á las Américas verificada su conquista, se sigue que aquellos imitadores nuestros hicieron lo que les enseñaron con tantas ventajas en la práctica de la leccion, que en parte alguna del inmenso terreno de las Américas, aun en aquellos en que abundan prodigiosamente los caballos, como son Buenos-Aires, Chile y otros, no se ha introducido la bárbara y destructora práctica de arar con mulas; de suerte que es casi imposible persuadir á un indio á que en España no se ara con bueyes.

29. La junta, Señor, no entrará en el odioso parangon de las respectivas ventajas de las naciones. En todas hay preocupaciones de esta ó de la otra clase, pero ninguna

ha imitado nuestra costumbre de arar con mulas, ni servirse de ellas en los coches, carros, postas, servicio de la artillería y otros usos puramente civiles. Puede decirse sin riesgo de que es aventurada la proposicion, que el extrangero mira con interesada sonrisa esta práctica en nuestros campos, y en nuestras ciudades. Sabe que mientras ella subsista, la agricultura estará en decadencia, y el gobierno mas ilustrado tratará en vano de hacer que prospere la verdadera riqueza nacional de sus cosechas. Sabe tambien que por estas debe calcular el progreso de las fábricas, la actividad del comercio; en una palabra, la fuerza física que puede oponerse á sus miras y á sus intereses. Teme que la nacion española recupere aquel ascendente que le dieron en la guerra el número, la calidad y las ventajas de sus caballos. Envidia el suelo productor de las provincias hispanas, y quisiera, Señor, que fuera eterno en nuestra nacion el uso adormecido de la costumbre, la indolente influencia de la pereza, y el apego vergonzoso á las prácticas eternamente escudadas por el rústico labrador ó por el político alucinado. Despertemos pues de un letargo que ya puede llamarse incurable, si los desastres, la ruina, el estrago comun que acabamos de sufrir, no nos acuerda que somos sensibles, y que nacimos españoles.

30. Podrá haber alguna ó algunas concausas, que contribuyan á la miseria en que nos vemos, respecto al ganado caballar; pero la principal, la que destruida arrastrará en pos de sí cuantas puedan existir, es la esterelidad de las mulas, multiplicada lastimosamente en las muchas que existen en la nacion; causa que ha mucho han determinado cuantos escritores trataron de este punto, y singular-

mente el sabio é inteligentísimo D. Pedro Pablo Pomar en las memorias que escribió con singular acierto, y de las que ha sacado la junta casi todos los datos de lo que deja dicho, y aun dirá en adelante, renovando las verdades que ya por los años de 1784, probó aquel celoso y erudito español, aunque con la desgracia de no ver mejoradas, ni las castas de caballos, ni prudentemente disminuidas las de las mulas destructoras. (*)

31. Acaso insiste la junta con sobrada pesadez en las pruebas del daño que por todos caminos producen las mulas, y acaso tambien parecerá demasiado extraño á la cuestion de la mejora y aumento del ganado caballar el punto accesorio de las mejoras de la agricultura; pero en su opinion, Señor, tienen estas dos materias una relacion tan íntima entre sí que no pueden separarse en el escritor que haya de hablar de una ú otra. La agricultura padece con el uso de las mulas, por lo caro de su compra, y de su manutencion, y no solo por esto, sino por el atraso que sufre cuando se le mueren al labrador; por la menor cosecha que produce su labranza somera y atropellada, como no sean las tierras sumamente delgadas, y por otras mil razones con que convence sin réplica nuestro famoso Her-

(*) No es facil escribir con mas conocimiento, ni con mas erudicion que lo hizo el citado Pomar en su memoria sobre los caballos de España presentada á la sociedad aragonesa en el año ya citado, pero acaso no fue tan feliz en el método y el raciocinio. El que guste cotejar aquella memoria con este informe, hallará lo copiado, lo extractado, lo omitido; encontrará lo que añadió el redactor y puede decidir sobre el mérito respectivo en el total de la obra. El deseo de aquel se limita á no defraudar á la memoria de Pomar del mucho mérito que tiene, y la junta que informa admitió las verdades ya dichas prefiriendo el ser útil á ser enteramente original.

rera en su tratado de la crianza y labranza de España.

32. Es una verdad política de que ya nadie duda, que todos los géneros de consumo ya de primera necesidad, ya de lujo, son mejores y mas baratos en razon de su abundancia. Lábrense pues las tierras en España con bueyes como se hizo antes, y tendrémos mejores cosechas, carnes abundantes, labradores ricos con menos numerario, las cosechas mas baratas, y la nacion floreciente. La cuestion de las ventajas de arar con bueyes es complicada; y como en casi todas hay razones que alegar por una y otra parte, pero todos convienen en que á excepcion de aquellas tierras tan delgadas y de poco fondo, que apénas puede el arado introducirse medio pie sin tropezar con tosca ú otro género de lava, piedra ó fondo arenisco, los bueyes labran de modo que la cosecha que procura su cultivo excede acaso en una tercera parte á las de las mulas, y sobre todo á la de los asnos.

33. La junta, Señor, cree haber probado el primer extremo de su informe, reducido á que el excesivo número de mulas producidas por el garañon, es la causa de la diminucion del ganado caballar, que perjudica en gran manera á la agricultura, y que removido el primer estorbo, está como conseguido el aumento de caballos con los auxilios que la junta va á demostrar muy luego.

34. Es tal el perjuicio que trae en sí mismo el dato de la infecundidad de las mulas, que ni aun teniendo todas las que realmente existen, no bastan para los usos á que las destinamos; y de aqui es que todos los años nos entran de Francia una porcion considerable de que la junta se hizo cargo en el parrafo 48 de su primer informe. Los

dos millones y ochenta mil pesos que allí se enunciaron, como salidos de la península en cada año por este tráfico bastan para los gastos que mas adelante se propondrán como necesarios para la mejora de las castas. Aun rebajando mucho de la cantidad, que se supone como salida de España, y dejándola en la mitad, que será un millon y cuarenta mil pesos, verémos mas adelante que puede bastar con corta diferencia para la compra de yeguas y caballos padres al extrangero. La junta cree deber ya tratar del segundo punto. (*)

(*) Un medio indirecto de minorar casi momentaneamente, y sin leyes ni preceptos el excesivo número de bestias que se necesitan en la nacion para los acarreos interiores por medio de las arrierías, seria el abrir carreteras en todo su territorio que le cruzasen, y diesen todas á las calzadas reales, ó sean de lujo respectivo, que ya tenemos por fortuna en la península, aunque harto descuidadas. El que examine el peso que lleva un carro catalan desde Barcelona á Madrid con solas cuatro mulas yendo por Valencia, y calcule el que puede llevarse á lomo por el mismo parage, hallará que doce de los mejores machos ó mulas no podrán portear lo que el carro dicho. No cito lo que una diligencia lleva en Francia, en Inglaterra y en casi toda Europa, porque los incrédulos en todo el mundo lo son en razon de lo que no han visto, y los gobiernos en casi todas sus providencias deben buscar la utilidad comun, sin consultar la ignorancia ó la preocupacion, seguros de que ambas ceden á la experiencia del bien que jamas conocerian sino le tocasen. Una calzada abierta desde Barcelona á Madrid por Aragon (la que existe, solo la hace transitable la absoluta necesidad) procuraria al comercio interior y á ambas provincias una ventaja de un veinte por ciento á lo ménos, y el camino citado de Valencia, y el que ahora se desea por Aragon, establecidas postas en uno y otro, pueden emplear de aqui á cuatro años mas de tres mil caballos, con destierro de igual número de mulas que ahora se consumen.

SEGUNDO PUNTO.

Precision de procurar pastos para la cria de caballos, y medios de lograrlo. Usos de estas mejoras con las yeguas y potros. Perjuicios de la trilla violenta con yeguas.

35. En cuanto á los pastos es preciso convenir en que, mal ó bien servidas, hay mas labores abiertas en el dia, que las que hubo por los tiempos en que escribia el capitan Pedro de Aguilar. Se han aumentado tambien mucho los olivares y no poco los viñedos, de que resulta que todas estas tierras hay de menos para las dehesas llamadas de corteza, y que no son otra cosa que unos terrenos de suelo firme, en los que sin otros auxilios que las aguas comunes en cada año fertilizan las yervas mas ó ménos segun la feracidad del terreno y la oportunidad de las lluvias.

36. Tres cientos mil pares de mulas de labor es el cálculo menor que suponen en España el erudito Padre Sarmiento y los sabios autores económicos Arrieta y Maurueza, y parece que no será excesivo el determinar que serán otros tres cientos mil pares los empleados en coches, carruages de camino, y la multitud de arriería y mulas de paso, conocidas en la nacion. Estos seis cientos mil pares de bestias infecundas hacen un millon y dos cientas mil cabezas de ganado estéril, y como es preciso suponer un repuesto para reemplazar sucesivamente todo este gran número de mulas, machos y asnos, debiendo ser de varias edades, como de tres años, de dos y de uno, y ademas las recien nacidas, agregándose por precision tambien el

asombroso número de yeguas que debe producir tanta mula ó macho, se verá que con los pastos que consuma el infecundo ganado mular, que muertos nos son inútiles, y ademas roban, digámoslo asi, los terrenos que se siembran para su alimento en seco de paja y cebada; resulta el todo en un perjuicio gravísimo contra los medios de mantener el ganado caballar, y los bueyes, vacas, ovejas, carneros y otros, con cuyos esquilmos y despojos era preciso abaratasen los comestibles, y ademas se ahorrarian muchos brazos que ahora se emplean en el cultivo, siega y recoleccion de la cebada, y se aplicarian al del trigo y otras producciones mas útiles, supliendo la cebada y paja con la yerba de los prados artificiales, segada en los tiempos oportunos, y con las que se aumentarian en las dehesas naturales, en que pastasen en los tiempos de primavera y parte del otoño segun el temperamento de cada provincia de la península, como se detallará mas adelante. Del cálculo determinado es menester rebajar sin duda el número de burras; porque ademas de no ser la hembra de esta especie infecunda, son los asnos de conocida utilidad, no solo en las arrierías, sino aun mas en los usos precisos de las pastorías y en todo el servicio en menor á que se destinan por los labradores, particularmente los menos pudientes; y es preciso convenir, que á excepcion del uso del arado para el que debieran excluirse por lo general, son los asnos de grandísima utilidad; por lo que debe rebajarse de aquel cálculo la cuarta parte, y quedarán nueve cientas mil reses infecundas que consumen pastos en perjuicio de otras de infinita mayor utilidad.

37. La junta, Señor, trata de hacer ver á V. M. los

medios que cree oportunos para facilitar pastos, no solo al ganado caballar, cuyo aumento y mejora es su primer objeto, sino tambien para el demas ganado de toda especie; y para esto debe recordar á V. M. las extendidas dehesas que ocupan los transhumantes, que reducidas algunas á pasto y labor y otras á solo pasto de vacas, ovejas y caballos en beneficio de los colonos, en cuyo terreno se hallan, serian un auxilio de mucha cuantía para los fines que van indicados, y acaso de mucha mas utilidad pública que no las lanas vendidas al extrangero, y que despues nos vuelve manufacturadas, haciendo pagar bien caro al comun de la nacion el incomprensible privilegio de los mesteños de que tanto se ha escrito, y tanto sabe el tribunal superior á quien se dirige este informe. No es de nuestro principal asunto el entrar en los pormenores del método, arriendos y demas recursos de que se valen los mesteños para hacer un comercio exclusivo con sus ganados transhumantes; pero la sabiduría del consejo no puede menos de comprender, que necesita un arreglo este ramo de industria, que haga compatibles las ventajas que quieran suponérsele con la cria de otros ganados y particularmente del caballar.

38. Si en Castilla se contentasen solo con tener las ovejas necesarias para trabajar en sus fábricas burdas aquellas lanas solas, que bastasen al abasto y consumo de las mantas y demas que en el dia salen para el comercio interior, y aun el extrangero; acaso seria esto mas ventajoso que expender excesivas cantidades que extrae en bruto, desperdiciando muchas crias, porque en su clima es menor la fecundidad de su especie que en Andalucía, en donde cada oveja da todos los años un cordero, y muchas dos; y

como segun lo que propondrá la junta á V. M. no es Castilla la provincia en que menos debe fomentarse la casta de caballos, es justo cuidar de que allí se encuentren dehesas y sobre todo prados artificiales, sin cuyo auxilio jamas puede prosperar este ramo tan productor y tan necesario en nuestras actuales circunstancias.

39. Cada provincia tiene un suelo particular, en el que se dan con mas facilidad y menos costo cierta clase de yerbas de las que se crian con el riego, y otras en las dehesas de suelo firme, que son tambien indigenas de aquel terruño; pero sobre todo en los prados artificiales es muy fácil y será utilísimo sembrar, v. gr. en Castilla, Aragon, la Rioja y otros paises frios, la alfalfa, que se da como naturalmente en los reinos de Valencia y Murcia, y se verá que como en toda semilla, que de un clima se trasplanta al de calidades opuestas, se mejora infinito el vegetal, porque estos deben cruzarse del mismo modo que los ganados como se hace en toda Europa. Sobre esto se pueden consultar las observaciones del señor de Saint-Pierre acerca de las armonias alimentarias de las plantas en su excelente obra. *Etúdes de la nature*, vol. 2. pag. 469 edic. 1790.

40. La naturaleza ha dado á cada especie de animales el instinto para escoger con preferencia las yerbas que le son gratas y saludables; con la singularidad de que las que son venenosas para unas son salutíferas para otras. La cicuta v. gr. mata á la vaca, y la cabra se nutre con ella. El acónito mata á la cabra, y aprovecha mucho al caballo. *En los prados*, dice Pedro Crecentino, (1) *nacen di-*

(1) De la Agricult. vulg. lib. 7. cap. 10.

versas generaciones de yerbas por la diversidad de los humores contenidos en la parte superior de la tierra, lo que obra próvida naturaleza para que cada animal se alimente con aquello que apetece y le es saludable.

41. Uno de los errores comunes por falta de conocimientos en la historia natural es el de creer, que en las dehesas destinadas para los caballos ó yeguas no debe entrar otra especie de ganado, principalmente el vacuno. Esta práctica es tan contraria en Alemania, Italia, Francia y aun Inglaterra, que se resarcen los grandes gastos que hacen las yeguadas por el medio de fertilizar las dehesas de estas con las mezclas de los estiércoles caballar y vacuno, deseminados naturalmente por la concurrencia de una y otra especie á los mismos pastos.

42. Con efecto es indudable que el ganado caballar, introducido en una dehesa, escoge las yerbas mas apetecidas para él, que son las cortas y tiernas, para lo que próvida naturaleza le dió una dentadura proporcionada y muy consistente, y por este medio desprecia las yerbas duras y largas, que el ganado vacuno falto de dientes en la quijada superior, y con una aspereza singular en su lengua, recoge diestramente antes que caigan sus semillas, con lo que imposibilita su excesiva multiplicacion. Si la dehesa se destina exclusivamente para el ganado caballar, estas yerbas largas y lozanas germinan superabundantemente sus simientes, porque el caballo no las come, multiplicando en esta razon en los años sucesivos; y las yerbas cortas, que le son agradables y provechosas, disminuyen tambien de una manera muy sensible, porque el ganado caballar les corta sus guias y gérmenes. Se aniquilan casi del todo si son anuales,

y si vivaces, sufren gravísimo detrimento en sus retoños con la sombra de sus contrarias, que las priva de la influencia del sol, sin cuyo auxilio la yerva es siempre poco nutritiva y de mediana calidad, como dice el diccionario universal de agricultura de Rozier tom. 12. pag. 434 de la traduccion española. A estos daños que son gravísimos es preciso añadir una verdad, que es muy poco conocida, no solo de los ganaderos, sino aun de sus mismos amos y de otras gentes de educacion. El estiércol y orin del caballo es de una naturaleza calina, digámoslo asi, por los muchos azufres demasiado activos de que consta, y que es preciso se depuren antes de usar de él por una larga fermentacion; verdad que todo hortelano sabe por experiencia, y asi prepara los estercoleros del ganado caballar para que no perjudique su uso en vez de beneficiar las tierras; y de aqui es que en las dehesas de suelo firme no quieren las yeguas, caballos ó potros ni aun oler aquellas nacidas en aquel terreno, en que la casualidad, ó la costumbre amontonó mas estiércol ú orines de los animales de su especie; cuando al contrario, el ganado vacuno las prefiere á todas otras, del mismo modo que el caballo devora con ansia las que nacen en donde estercoló el vacuno, que fertiliza lo que el otro destruye; y por esto tiene acreditado la experiencia, particularmente en Andalucía, que las dehesas destinadas al ganado caballar, que fueron muy buenas en sus principios, degeneran á pocos años; lo que no sucederia si la ordenanza mal entendida no prohibiese la concurrencia del ganado vacuno, que con sus estiércoles fertiliza y enmienda las desmejoras que producen los del ganado caballar; pero es precisa una precaucion que parecerá nimia en pequeño, y sin embargo es de graves consecuencias en un terreno extendido. Los excrementos de los animales, cuando se dejan amontonados, destruyen insensiblemente los mejores pastos. Una boñiga de vaca ó buey cubre una superficie circular de ocho ó diez pulgadas de diámetro, y sucede lo mismo con corta diferencia con el excremento del caballo, y la yerba cubierta por estos desperdicios, privada de los beneficios de la luz y sol y del contacto inmediato del aire, se pone amarillenta, se ahila y se pudre; pero como sus raices no mueren, luego que la lluvia ú otro cualquiera metéoro descompone estos elementos, brota la yerba con mas vigor; pero entre tanto se ha perdido mucho tiempo, y resulta ademas que el ganado caballar jamas la come, si solo la benefició su propio estiercol. Es pues necesario que los dueños de las dehesas hagan que algun criado esparza con frecuencia los excrementos del caballo, y que cuando la boñiga de vaca se seque y forme corteza la rompa y la haga pedazos pequeños que debe extender por la superficie inmediata. Desengañémonos, interin no se descienda en la agricultura, en la ganadería y en general en todas las operaciones rurales á los pormenores, que producen despues aquel todo que da la riqueza á las naciones, y mientras no se haga comun la máxima de mirar la tradicion como una regla muy equívoca para el cultivo y mejoras de todos los ramos de la ciencia agricultora, segun los adelantos de una experiencia estudiosa y constante; en vano se esperan mejoras de ninguna clase de leyes prohibitivas, que deseando el bien, sirven solo para arredrar al propietario y de contentar cuando mas á los cuerpos ó particulares, que desde el estéril estudio de sus gabinetes piensan que los preceptos tienen la misma fuerza para dirigir los profundos é invariables caminos de la naturaleza, que para dictar fórmulas de pura convencion ó reglas para manejar al militar, al letrado ó al artesano. Buenas obras ú originales ó traducidas sobre todos los ramos de la agricultura, dispuestas de modo que pueda entenderlas el hacendado con solo saber leer, y que se hagan comunes por su baratura, por su modo de distribuirlas, ya por los párrocos, ya por los señores entre sus súbditos, y ya enfin por otros medios que no pueden ocultarse á la sabiduría del consejo, con poquísimas leyes y estas dirigidas solo á remover estorbos, á facilitar medios y á convencer los ánimos, como se dijo en el parrafo 46 del primer informe; he aqui, Señor, los únicos medios de que España vaya adelantando en la primera de sus necesidades que es la mejora de su agricultura.

43. Queda dicho que las dehesas de corteza, ó sea suelo firme, se deterioran á pocos años por el uso fijo de una ley de no permitir en ellas mas que el ganado caballar; citarémos para prueba de esto algunas de Andalucía, y particularmente en los reinos de Córdova y Sevilla. Las dehesas comunes de estos parages, en que solo entran yeguas, potros, potrancas ó capones, están en la mayor parte contaminadas de una especie de muermo, que causa grandes estragos. Acaso las últimas ocurrencias de la guerra que acabó, podrán haber producido alguna novedad en esta parte, ya porque habrá sido infinitamente menor el número de ganado caballar que haya pastado en ellas, ó ya porque se habrá hecho el pasto comun para el vacuno; pero hace veinte y cinco ó treinta años que era comun el daño, y con-

tinuos los lamentos de los criadores, que no podian tener dehesas particulares para sus yeguadas y sus reses vacunas juntamente. La casta de Martel en Ecija y de otros que tenian las mejores de aquel terreno, se libertaban del muermo en sus yeguadas, y lograban la doble ventaja de apacentar con ellas proporcionado número de vacas, que contribuyendo eficazmente á evitar el muermo, les daban una ganancia en carnes que vendian y en bueyes que reservaban para sus labranzas. Esto mismo era comun en Osuna, la Palma, San Lucar, Medinasidonia y algun otro pueblo de los que crian mas número de ganado caballar; pero donde mas se veia el perjuicio del uso exclusivo de las dehesas para mantenerle, era en la ciudad de Xerez de la Frontera, que teniendo una dehesa comun de potros de veinte y cinco mil aranzadas, se priva á su vecindario de criar en cada año de tres á cuatro mil cabezas de ganado vacuno, no solo sin perjuicio, sino con mucho provecho de las yeguadas y sus crias.

44. De estas enfermedades contraidas en los primeros años en potrancas y potros, resultan indispensablemente la debilidad de las crias, y la sucesiva decadencia en fuerzas, robustez y gallardía, que se nota en nuestra casta caballar; debiendo añadir que el que se engendró enfermizo por un padre deteriorado, estuvo en el vientre de una madre mal constituida, contrajo muy luego de nacido nuevas enfermedades, y continuó comiendo poco, de mala especie y sufriendo todo lo riguroso de las estaciones á campo raso; es preciso que tenga males sin cuento, que su vida sea mas breve, y que cada vez vaya mas y mas deteriorándose la naturaleza productiva de unos seres enfermi-

zos siempre, necesitados siempre, y continuamente luchando contra la intemperie, ya en el estío y ya en el crudo invierno. Debe advertirse, que aunque en los seres animados es mas sensible y mas progresiva la decadencia de su especie, que en los materiales puramente; sin embargo, es siempre preciso un cierto número de años, para que se note el último término de esa misma decadencia, que entonces corre con precipitacion; y por este dato se debe responder á los que quieran argüir con que aquella no se notó por nuestros antepasados, puesto que no nos hablan de ella, ni dejaron reglas para remediarla.

45. El capitan Pedro Aguilar en su obra, que ya va citada, dice al número 47, *que antiguamente los potros se recogian en establos de uno y dos años, y allí se les daba de comer, y se les precavia de las intemperies de calor y frio: Empezaban á domarlos desde dos y tres años, en que supone que eran tan fuertes como lo son ahora de cinco á seis*. Entonces el mayor consumo de caballos (regla segura que ahora como antes producirá su abundancia, su mejora y su baratura) precisaba á que fuesen mayores las piaras, y por consiguiente no se fatigaban tanto las yeguas en la trilla repartida entre gran número. Entonces aunque mas pequeñas habia muchas mas labores que en el dia abiertas, que luego se perdieron; y en esta proporcion debian ser las dehesas de pasto y labor á propósito *mucho* sobre todo para ganados jóvenes y decaidos. Se labraban los cortijos como ahora en Andalucía á tres hojas; de modo que con el excelente pasto de los manchones, y el auxiliar de los barbechos, abundaban las yeguas y demas ganados que todos comian juntos; y la nunca bastante alabada costumbre

de labores pequeñas, pero multiplicadas, proporcionará á cada propietario reunir los efectos de su labranza, tocarlos, digámoslo asi, con aquel cuidado productor, y con aquella facilidad aun mas prolifica que hacen se reunan en un punto para el bien del propietario, la celada actividad de los criados, el oportuno remedio de los descuidos, los aprovechamientos generales que siempre son perdidos á largas distancias, y ultimamente aquella union y conjunto de cada pequeña república rural, que hace ricos á los que las gobiernan porque lo ven todo, y ni el robo, ni la malevolencia pueden ocultarse al interes del que le descubre y le castiga ó le evita.

46. En las dehesas, en que el arbolado sea escaso, ó ninguno ó en el que solo lo haya en un punto determinado, es convenientísimo cuidar de plantar algunos árboles de trecho en trecho, segun los que sean mas análogos al terreno en que han de criarse; (*) pero prefiriendo siempre los que entre los elegidos extiendan mas sus ramas, porque el objeto de esta providencia es solo procurar al ganado caballar y aun al de otra especie sombras alternadas para guarecerse de los rayos del sol en el estío; y aun lograr algun alivio contra una especie de moscas, que particularmente en Andalucía se introducen por las narices, y atacan igualmente los ojos del ganado caballar; de modo que las desespera á un grado de malparir mu-

---

(*) Acaba de publicarse en Barcelona una obrita utilísima para dirigir este plantío por D. Juan Bautista Golobardas, en un tomo, y que titula su autor *Compendio* sobre el modo de sembrar, plantar, criar, podar y cortar toda especie de árboles &c. véndese en la oficina de Brusi. Esta obrita es útil, y da muchas luces sobre el asunto que trata.

chas yeguas por las carreras con que procuran huir inutilmente de su enemigo; y si como es comun las traban los yegueros para evitar el extravío, y distancias enormes que corren, son tantos los brincos con que tratan de defenderse, que se aporrean casi todas, y entonces es mas seguro el mal parto.

47. En las dehesas enteramente de secano y en las que no las cruza algun arroyo bastante caudaloso, para que pueda beber el ganado caballar y guarecerse el vacuno de la mosca, que le desespera aun con mayor rigor que á la yegua; convendrá formar estanques artificiales de una profundidad capaz de que entre en él el ganado sin peligro de ahogarse, y con declives cómodos para la entrada y salida por cualquiera de sus bordes, menos por el que tiene la compuerta para el desagüe. En el reino de Murcia, como se dirá luego, es comunísimo el uso de los algibes, y aun de esta especie de lagunas artificiales, estando tan acostumbrados sus labradores á tomar y dirigir las aguas por lo que allí entienden por boqueras ó ramblas, y no son otra cosa que la direccion de los caminos de unas haciendas á otras, que con unos camellones simples atravesados segun la direccion, que quieren dar á las aguas, llenan el algibe, que es la única agua que beben en todo el año, llenan el estanque, si acaso le tienen, y el sobrante le dirigen á sus viñas con una facilidad que la práctica sola les enseña. Estos estanques artificiales es mejor que sean muchos, que no que haya uno solo en donde se recoja todo el ganado, tanto porque el mayor número en un solo punto podria ensuciarle y aun destruirle, cuanto porque entre los animales hay tambien una sociedad de menos eti-

quetas sí, pero mas sostenidas que entre los hombres, y ninguno acostumbrado á ver el campo con reflexion puede haber dejado de notar en las piaras de mucho número ranchos mas ó menos numerosos que pastan juntos, van al agua del mismo modo, y se unen enfin sin separarse del todo, como prefiriendo el recíproco auxilio y amistad que entre sí conservan; (*) y esto es lo que se desea y sucederá en la concurrencia á estos estanques artificiales, tanto por el ganado caballar como para el vacuno, si, como va dicho, se les proporcionan distintos parages que ellos eligirán á muy pocos dias de pastar en sus inmediaciones.

48. Si la calidad del terreno, ó el desnivel de algun arroyuelo que cruce la dehesa, no facilita el llenar estos estanques artificiales con el sobrante del agua del arroyo, queda el recurso de las norias, cuya invencion debemos los españoles á los moros, y son bastante conocidas en todas las provincias. (**) Su costo es de poca consideracion, y precisamente en el sitio que se destinan habrá siempre sobra de caballos capones, y de bueyes y vacas para sacar el agua necesaria. La experiencia ha hecho ver que una noria que anda alternativamente dos horas, y está parada otras dos, eleva al dia, siendo de diez pies la profundidad del pozo, una cantidad de agua para llenar un depósito de treinta y seis pies de longitud, doce de anchura y seis de profundidad; luego si son dos las mulas, que andan sin intermision, podrá en el dia llenarse un

(*) Véase á Bufon tom. 7. pag. 204.
(**) M. Porcio Caton decia. *Prata irrigua, si aquam habebis potissimum facito; si aquam non habebis sicca quam plurima facito.*

estanque, que pueda contener el doble de agua determinada, que es suficiente para regar un prado de mucha consideracion. (*) En estas teorías no se ha de considerar la precision matemática, mas que como un dato para hacer ver lo posible, y la experiencia es la que debe dirigir las operaciones, de modo que produzcan el efecto deseado. Las norias pueden manejarse de dos modos, uno por medio de bestias que las anden, y otro empleando para este efecto las aspas de un molino de viento, como se practica en algunas partes del reino de Murcia, particularmente si estan próximas á la costa, porque entonces los vientos son arreglados, é inmensa el agua que puede sacarse noche y dia, sin otro costo respecto á la máquina que el de su conservacion. De esto se infiere que en todo territorio, en que sean constantes los vientos de cualquier clase, debe preferirse el método de sacar el agua por el segundo medio señalado.

49. Repartidas estas norias oportunamente, es preciso destinar uno ó mas colonos á sus inmediaciones para cuidar de su entretenimiento y uso, fabricando una casa cómoda respectivamente para aquellos que deberán ser casados; y á las inmediaciones de la casa se les señalará un terreno, que ha de cercarse con setos vivos segun los arbustos mas consistentes y análogos al terreno, que les asegure la plantacion de un huerto que llamarémos rústico, en que siembren las legumbres necesarias, y aun los árboles frutales que los alimenten en parte, extendiéndose á un pedazo de prado artificial en el mismo recinto, capaz de alimentar dos solas cabras, único ganado que se les permi-

(*) Véase el diccionario universal de agricultura del abate Rozier tom. 12 pag. 63 en la palabra Noria.

tirá, con la obligacion de tenerlas atadas con una cuerda de cuarenta toesas, si las sacan de su prado artificial, y á las inmediaciones de su habitacion, á excepcion de algunas pocas gallinas y pollos, pero de *ningun modo* pavos, palomas ni cerdos. Estas tres últimas especies de animales perjudican mucho á las yerbas con sus estiércoles y activa costumbre de buscar la comida, porque se ha de suponer que el colono no se la dé abundante. Como se ha de permitir á cada colono que riegue su posesion con el agua del estanque, muy pronto la cerrará lo suficiente, y sus cosechas del huerto jamas le faltarán, si su descuido ó impericia no abandonan ó dirigen mal la labor.

50. Como puede no faltar quien censure este método, por el perjuicio que realmente producen las balsas ó estanques, en que el agua de las norias está detenida por mucho tiempo, y la junta sabe que la probidad escrupulosa del consejo no ha de querer proteger una mejora de donde resulte un daño, va á proponer un método facilísimo para desaguar estas balsas siempre que se quiera; precaucion á la verdad tanto mas necesaria, cuanto la continuacion de entrar el ganado en estos estanques ó balsas, puede aumentar la putrefaccion y con ella las malas impresiones del ambiente. Para este logro debe elegirse el sitio de la balsa ó estanque, de modo que por cualquiera de sus caras tenga un declivio proporcionado al terreno hácia la campaña; y asegurado ya este dato, se formará el suelo de argamasa, ó del modo que permita el terreno; pero siempre consistente, mezclando la argamasa con puzolana si la hubiese, y se embetunará con ella toda la cal y canto, que se emplee en la construccion del suelo del estanque,

dándole á este suelo un pie de declivio desde el lado ó cara opuesta á aquel por donde deben salir las aguas, con el fin de que luego que se suelte la compuerta, ó sea conducto por donde salen, quede entera y perfectamente límpio el suelo del estanque ó balsa, y que el que le cuida, despues de haberle barrido, y sacado el lodo y lama que puede haber en el fondo, le eche alguna porcion de agua por medio de la noria, cuya canal ya sea de madera ó de fábrica de ladrillo, debe situarse en el centro de la cara ó lado, que está opuesta á la que sirve de salida á las aguas, pero cubierta para que el ganado no la destruya á su entrada y salida. La lámina en plano y perfil adjunta explicará mejor la sencilla estructura de este estanque ó balsa; y solo debe advertirse que el agua que se previene debe echarse despues de límpio el fondo, no ha de ser en mucha cantidad, y solo la necesaria para acabar de dejar límpio todo el fondo, y que cerrando la compuerta se vuelva á llenar inmediatamente; y debe advertirse tambien que el fondo de estas balsas ó estanques solo ha de ser de cuatro pies á cuatro pies y medio, formando las rampas que manifiesta la lámina, tanto para que el ganado suba á la cresta de las paredes ó diques, como para que baje comodamente, y pueda salir con la misma facilidad.

51. El costo de estos estanques, norias y casas será justo que se haga, la mitad por los propios de los lugares en cuyo territorio se construyan, y la otra mitad á prorrata proporcional entre los que tengan ganados que disfruten del beneficio, y segun el número de cabezas que pasten en aquel distrito; á menos de que nuestro amado Rey no encuentre algun arbitrio para suplir este primer costo, que-

dando luego á cargo de los propios y ganaderos la conservacion de estanques, norias y edificios rurales; mas, el número de capones ó bueyes necesarios para sacar el agua, cuyo primer apronto debe ser precisamente de cargo de los ganaderos por un convenio recíproco entre sí, en que no intervendrá autoridad alguna, y solo cuidará el comisionado cabeza de aquel partido de que sea efectivo siempre el número de bestias necesarias para el servicio de las norias; y respecto á que deben pastar en las dehesas, y gozar del beneficio de los prados artificiales que luego se propondrán, puede costar muy poco su manutencion, de que cuidará por años un hacendado de los que nombren todos los de aquella comarca; bien entendido que entre todos tambien ha de hacerse el reparto de yerba, paja, cebada, maiz y otro cualquier alimento, con que se acuda á este ganado en los tiempos que sea preciso traerle á los establos.

52. La junta no ignora que en el punto de obras públicas, la obligacion del gobierno empieza en donde acaba el poder de sus individuos; pero como gradua que la verificacion de las obras propuestas, no es de grande consideracion, y por otra parte beneficia individual é inmediatamente al criador de ganados, y al mismo tiempo procura al gobierno, no solo una mejora esencial en la agricultura, sino un medio eficacísimo de sostener sus derechos inherentes á los de la Corona, le parece justo que el particular y el gobierno contribuyan á los medios propuestos. Si la nacion tuviese un fondo de mejoras, que atendiese con exclusiva obligacion á esta clase de empresas, no vacilaria continuamente el gobierno mismo sobre los medios que puede elegir, para producir el bien acallando á

los descontentos. Sabe la junta que las circunstancias del dia no son las mas á propósito para exigir contribuciones extraordinarias por mas útil que sea el objeto á que se destinen; pero cree hallar un arbítrio que ahorre mucho los gastos, y adelante las obras de un modo maravilloso. Este arbítrio se reduce, Señor, á que de cada regimiento, de los que estén establecidos con mas inmediacion al parage, en que deban construirse los estanques y norias, y formarse los prados artificiales de que luego se hablará, se destinen aquella porcion de soldados que sean necesarios, eligiendo para las fábricas los que pueda haber con conocimientos en la albañilería; y para la conduccion de aguas, los que por valencianos, murcianos, gallegos, catalanes ó aragoneses de los inmediatos al canal imperial, tengan alguna tintura práctica del modo de regar en sus provincias; porque para los chozones ó establos de que tambien se hablará adelante, cualquiera puede ser útil bajo la direccion de uno que entienda el por mayor.

53. Esta tropa reunida en el pueblo mas inmediato á la obra, ó bien campada en el sitio mismo en que se verifique, trabajará con gusto y con aprovechamiento por la mitad menos de los jornales ordinarios: Tendrá allí sus ranchos de mejor calidad, y en mayor cantidad que los comunes, y sus oficiales cuidarán de mantenerla en una disciplina exactísima pero racional.

54. Uno ó dos ingenieros en cada provincia bastan para dirigir las sencillas obras de que va hecha mencion; y el ejército que acaba de defender con su sangre los derechos de su Religion, de su Rey y de su Patria, debe y se hará un honor de asegurar su felicidad rural, y de cimen-

tar una de las basas principales de su fuerza militar, que es sin disputa la caballería.

55. Pero estos auxilios, que pueden contribuir sin duda en gran manera al fomento del ganado caballar, no serán por sí suficientes ni con mucho, si no se procuran los eficacísimos de los prados artificiales, que en unas partes podrán establecerse, consultando los arroyos que pueda haber en las dehesas en el dia conocidas como de potros, y en otras valiéndose de los rios que felizmente cruzan todas las provincias; aunque es verdad que siendo la situacion de España naturalmente desigual y muy desnivelada, seria necesario para la navegacion, fortificar sus orillas, abrir hondos canales, prolongar su nivel á fuerza de exclusas, ó procurarle levantando valles y abatiendo ú horadando montes para llevar las aguas á las tierras que las necesitan. Andalucía, y la Mancha se hallan en este caso, y la Corona de Aragon lo está en mucha parte, habiendo debido en la otra á la hermosa y utilísima obra del canal imperial, no solo un riego que ya produce muchos millones, sino una navegacion parcial que ahorra muchos gastos en las leguas que está corriente; pero para los prados artificiales bastan acéquias de poco gasto, y el rio Guadalquivir puede facilitar mucho riego á cortas diligencias en todo su curso.

56. El celebre Juan Bautista Antoneli ofreció al Señor D. Felipe segundo por el año de 1585 establecer la navegacion interior de toda España. No se han acabado los conocimientos hidráulicos con la muerte de aquel sabio ingeniero, y el que quiera ver la carta de Antoneli, examine los elementos de matemática de D. Benito Bails, tom. 9. parte segunda; pero hay gran diferencia de lo que es ne-

cesario para estas obras, á lo que necesitan las precisas para el riego de prados artificiales como queda dicho. En todo el reino de Jaen se hallan riachuelos con abundancia capaces de proporcionar muchos prados de riego, y en los derrames de la Sierra Morena, montes de Segura, de Quesada y Torres, y en la direccion del rio Guadalbullon, que pasa inmediato á Jaen mismo, y el Guadalquivir, que le divide, se pueden formar estos prados con mucha utilidad y poco dispendio; advirtiendo que en el citado reino de Jaen muy montuoso proporcionalmente, siempre habrá mejores pastos que en las dehesas de los terrenos llanos de la mayor parte del reino de Córdova y Sevilla. El reino de Granada es tambien fecundísimo en aguas y fácil en proporcion, á establecer los prados de riego, y aun en la Mancha misma saben sus naturales buscar los medios de hallar las dehesas con pasto suficiente para mantener sus mulas destructoras mucha parte del año, y traerlas el resto á sus caballerizas, con lo que las crian con la lozanía que vemos.

57. Es una verdad que las dehesas no son otra cosa que unos prados de secano, y lo es tambien que si se cuidan, y se deja á sus amos igualmente que á las que se llaman del comun, que las beneficien y hagan pastar en ellas al ganado vacuno con el caballar, será mas y mejor el fruto que rindan; pero es preciso convenir en que distan mucho de dar la yerba que los prados artificiales; aunque debe tambien inculcarse la verdad de que las mismas dehesas de secano, se pueden tambien sembrar con semillas de yerbas útiles; y desmontándolas de matorrales, arbustos, zarzas y otros vegetales inútiles, darán á su dueño cuando menos un duplo de yerba sustanciosa y saludable.

58. En nuestras provincias septentrionales, y singularmente en Galicia, Vizcaya y montañas de Santander, se crian muchos prados de secano, en que se siega su yerba dos veces al año, y es de excelente calidad. En Asturias sucede lo mismo, y en los reinos de Valencia y Murcia hay bastante riego; por manera que en estas provincias no puede haber disculpa, si no se proporciona al ganado caballar las mismas ventajas, que disfruta el de otras especies que allí se crian; y aun en el reino de Leon hay parages en los que se da la yerba de secano con bastante abundancia; y aunque la junta sabe lo útil y posible que es hacer comunes en cierto número de tiempo los conocimientos necesarios al mero labrador para la mejora de los efectos que siembra, no le parece oportuno extender en este informe el método detallado, que para la formacion de prados artificiales se halla en el curso completo, ó diccionario universal de agricultura del abate Rozier, tom. 14 pag. 66 y siguientes de la traduccion española; porque esta seria una leccion perdida enteramente para la sabiduría del consejo; y solo útil, si algun genio verdaderamente benéfico se dedicase á formar una cartilla rural, en la que nivelándose á la inteligencia de los sugetos para quienes se escribia, se extendiesen por preguntas y respuestas todas las reglas principales de la economía del campo, y el modo de mejorar la agricultura.

59. La principal, y acaso la única razon de que no circulen en las naciones con mas universalidad los resultados ventajosísimos de las ciencias exactas, y de las metafísicas, es la vanidad comun de los escritores, en no descender jamas del aparato ciéntifico con que anuncian sus teo-

rías, no saliendo un punto de las voces técnicas, ni de las fórmulas mágicas, digámoslo asi, que ni entiende ni puede entender, sino aquel que siguió los mismos estudios, y singularmente el de las ciencias exactas. Este aparato y jerga científica pueden reducirse á proposiciones simplicísimas, inteligibles al hombre mas rudo, solo con que sepa leer; y aunque parezca ageno del objeto principal de este informe el enunciar la junta la precision, que hay en España, de que la mayor parte posible de hombres aprenda á leer y escribir, y de que en vano es esperar adelantos en la economía civil, rural, comercial y mecánica, interin en cada ciudad, y aun en cada lugar, si posible fuese, no se encuentre un matemático en lugar de tanto médico, tanto escolar sin medios y sin vocacion; tanto *leguleyo* deshonrador del respetabilísimo ministerio de mantener al hombre en paz y en justicia; y tanto impertinente charlatan que piensa equivocarse con el verdadero erúdito, interin repetimos no se procure lo que va insinuado, ni habrá verdaderas ciencias, ni la agricultura saldrá de aquella medianía tradicional, que es un daño que acarrea muchos en cualquiera sociedad.

60. Los prados artificiales son esencialmente diferentes que los de secano, porque en los primeros se obliga á la naturaleza, digámoslo asi, á que nos dé lo que le pedimos, y en los segundos pende la cosecha de la inconstante variedad de las estaciones. La alfalfa, el trebol grande, y el pipirigallo ó esparceta dan mucho pasto y de excelente calidad. La yerba de Guinea que los ingleses incansables en buscar y atraer á su isla á toda costa cuanto es útil á la agricultura y al comercio, cultivan con

buen suceso, es un vegetal hijo de Africa, que no conoció Linneo, y que los citados colocan en la clase de las gramineas y en el género de los panizos ó maices, bajo el nombre de *panicum altissimum*. Es de muy fácil cultivo, de grande utilidad, y se propaga con tan maravillosa fecundidad, no necesitando de que la siembren mas que una vez, que en todos terrenos aun los mas ingratos, al cabo de seis meses suele tener la altura de un hombre, y es tanta su espesura que apénas puede una gallina romper por ella. Es verdad que donde los ingleses han cultivado con mayores ventajas esta planta es en la nueva Inglaterra y en la Jamayca; pero en nuestras provincias meridionales á lo ménos no puede dejar de darse con muchas ventajas, aun cuando no sea con toda la lozanía y vigor con que nace en la América, porque se sabe ya por experimentos repetidos, que esta planta se ha extendido desde la Carolina del sur hasta las cercanías de Boston, y en parages mucho mas frios que lo comun de Francia y España. En Paris se halla en el jardin del Rey, y en él se ha visto, que no solo resiste á los inviernos, sino que en cada primavera se reproduce naturalmente por sus raices. El célebre ingles Thosim, que comunicó la noticia de esta planta á la sociedad Real de agricultura en Lóndres, ha observado que en los inviernos muy rigurosos perecia; pero aun en este caso se podia volver á sembrar por sus mismas granas con exito feliz. ¿Y quien sabe si con el auxilio de esta sola yerba, adoptada en nuestras provincias meridionales, y mas adelante en las septentrionales no podian aumentarse las yeguadas, y producir caballos muy superiores á los que tenemos? En todos los parages en que esta yerba existe, la devora el ganado caballar con un aprovechamiento maravilloso; y mientras no nos acerquemos á experiencias cuidadosamente practicadas, sobre todo en punto á pastos, ni podrémos remediar la escasez de los que tenemos en seco, ni es posible criar buenos potros con las penurias que se apuntarán en las dehesas de secano.

61. La limpieza de los estanques de que va hecha mencion, puede tambien tener su utilidad, estableciendo un prado artificial á cierta distancia del estanque, y en la direccion que llevan las aguas, para que estas no se pierdan, y antes bien rieguen aquel terreno que sea proporcionado á la cantidad de agua, y que debe cercarse con arbustos para evitar la entrada de los animales en el prado; porque esta precaucion ha de ser constante en todos, siendo sabido que un caballo ó vaca destroza acaso tanta yerba con los pies, y aun con el aliento en un dia, como la que pasta en una semana. En agricultura, Señor, hay dos principios generales que, aunque opuestos entre sí en la denominacion, caminan á un mismo fin esencialmente. Una profusion absoluta casi siempre, y una economía que pueda decirse toca en mezquindad. Con la primera se han de construir las obras del modo mas sólido y mas ventajoso, para que los ramos respectivos á que se destinan produzcan la mayor ventaja posible en todos sentidos; y con la segunda se han de aprovechar aun los desperdicios que juzga tales la pereza y la ignorancia; y he aqui el gran secreto de hacerse rico el labrador por dos medios diametralmente opuestos para los que no saben pensar.

62. En el Real Sitio de Aranjuez, y en las inmediaciones del Carpio, han visto todos un medio de sacar agua

en bastante abundancia por el medio del peso del mismo fluido; y aunque no con propiedad se conocen estas máquinas comunmente con el nombre de grua: su mecanismo es sencillo y no muy costoso; de modo que la junta cree que pudiera hacerse uso de él en varios puntos del rio de Guadalquivir en Andalucía, del Guadiana en Extremadura, del Ebro en Aragon, del Duero en Castilla, del Tajo en Extremadura, y de otros muchos en todas las provincias, que aunque de menor caudal, sobran mucho para el riego de prados artificiales.

63. Logrado esto, hay un tesoro en todo el mundo, que da un ciento por uno, solo con aplicarle oportunamente. Este tesoro, Señor, es estiércol y mas estiércol y siempre estiércol. En la cartilla de que va hecha mencion, es este un punto que se debe tratar con sumo cuidado, y con absoluta claridad. La nacion, Señor, tiene muchos sugetos capaces de hacer este bien á sus hermanos, si el Rey nuestro Señor los estimula y los protege.

64. Parécele á la junta, Señor, que ha dicho ya lo suficiente sobre la necesidad de aumentar pastos para el ganado caballar, tanto de secano como de riego; pero cree deber añadir, que como expuso en el parrafo 57 del primer informe que dió á V. M., es indispensable; no solo rehabilitar las dehesas, abrevadores, criaderas y todo terreno bajo cualquiera denominacion, destinados antes de la revolucion para el ganado caballar; sino que se han de remover cuantos estorbos puedan producir el espíritu de partido, las ruinosas intrigas de lugares ó territorios, la temible preponderancia de los mas pudientes, la tendencia de escribanos, ministros inferiores y aun muchos propietarios,

á los pleitos, á las denuncias, á las ridículas fórmulas, que son el oprobio de la legislacion, el eterno semillero de la discordia y de las enemistades: enfin, Señor, ha de quedar este interesante ramo de la cria caballar prudentemente aislado á una autoridad competente, pero no complicada, y expedito el interes individual; porque el zelo de muchos, dado á meditaciones abstractas, viendo las cosas como deben ser, ó como quisiera que fuesen, y mientras con estériles teorías entorpece los esfuerzos del propietario mejor calculador, distrae necesariamente el mismo objeto que se propone mejorar, alejándole en gran manera de la utilidad comun con grave perjuicio de la causa pública. Si á esto se añadiese el uso de la facultad, que debe tener cada propietario para cerrar sobre sí sus propiedades, y hasta las dehesas comunes del ganado caballar, derogando las ordenanzas generales de montes y plantíos, algunas municipales de muchas provincias y pueblos que se opongan á este cerramiento, y enfin todo lo que pueda coartar el uso libre de los pastos y sus aprovechamientos, ya sea en las dehesas de pasto comun y ya en las de propiedad particular; cree la junta, Señor, que muy en breve habria mucho mas que dar de comer á las yeguas, potros y potrancas, sin perjudicar en manera alguna á los demas ramos de agricultura é industria rural. (*)

(*) Es urgentísimo procurar á los criadores de caballos el reintegro de sus pastos antes de la última guerra. Las sociedades económicas son los únicos cuerpos que pueden conseguir esta importancia con datos exactos segun las circunstancias de cada territorio; y como en sus informes no puede dejar de brillar el conocimiento rural y el deseo de las ventajas que se apetecen, no es posible que dejen de proponer lo mas conveniente para realizar este objeto de tanto interes.

65. Propuestos los medios de facilitar pastos va á entrar la junta en el uso, que debe hacerse de ellos para el logro del aumento del ganado caballar, y lo demas que deja anunciado para el mismo fin. La yegua está preñada once meses con pocos dias de diferencia, y por este dato se ha de procurar que venga á parir por últimos de marzo ú por abril, aboliéndose el bárbaro abuso de dejar á la madre y al hijo á la intemperie en estas primeras largas noches, que aun son muy frias, particularmente si el invierno ha sido destemplado.

66. Luego que se conozca que la yegua está proxima al parto, será lo mejor traerla al establo ó caballeriza, y darle de comer heno si lo hubiese, mezclado con alguna paja de la mejor, y no la mas ínfima como suele suceder, ó á lo menos se ha de procurar desviarla de todo parage de bujeos y lodazales que tanto duran, particularmente en Andalucía, para evitar que paran en ellos atascadas, y el potruelo perezca la primera noche, aterrido del frio y humedad, que no está en estado de resistir. Asi que se vea ha parido la yegua se ha de traer á cubierto con su madre los seis primeros dias, dándole de comer con abundancia prudente heno seco donde le haya, mezclado con paja y alguna poca de cebada, y al séptimo dia se la soltará desde las ocho de la mañana hasta ponerse el sol, que se ha de recoger hasta que cumpla los veinte dias del parto. Hace dos siglos que los potros se criaban no en las dehesas, sino en las caballerizas desde que tenian un año, y asi lo afirma nuestro autor Pedro de Aguilar en el cap. 6 de su arte de la gineta, impreso en el año de 1572 por estas palabras. *Algunos los acostumbran traer de un año á la ca-*

balleriza, y de estos pocos yerran, que los mas salen buenos, porque teniéndolos allí límpios y recogidos, y medianamente mantenidos, se vienen hacer de mejor talle y condicion, que criados en el campo. Trata despues de lo que se ha de hacer con los potros domados hasta haber cumplido cuatro años, y de todo se infiere que por aquel tiempo los potros de corta edad no sufrian la intemperie de las estaciones. Esto es lo que importa y suéltense en buen hora en los dias tranquilos de primavera y otoño, y en las horas frescas de los del verano. Esta que parecerá práctica nueva ó caprichosa, no le pareció tal á nuestro juicioso escritor J. B. Ferrara que al capítulo 17 dice. *Cum ergo pulli nati fuerint.... et á frigore quantum ratio patitur defendantur ad hoc ut frigoris algore non torpescant; similiter et á nimio calore ut ingenti aestu, non aestuent.* Luego que hayan nacido los potros convendrá precaverlos racionalmente de los efectos del frio, para que este no los entorpezca y dañe, é igualmente de los rayos del sol, para que no los diseque y abrase.

67. En las inmensas marismas de san Lucar, Lebrija, Sevilla, Xerez, Puerto de santa María, en una palabra en donde las hubiese, seria convenientísimo señalar un parage libre, si ser pudiese, de las inundaciones para las yeguas desde el último mes de su preñado, y precisar á los criadores á que tuviesen un yegüero que las carease siempre hácia aquel punto para salvar los muchos potros y potrancas que se ahogan por falta de esta precaucion. Acaso se dirá que esto es coartar las facultades del propietario que es dueño de dejar perecer los frutos de su industria; pero este raciocinio es capcioso y anti-político. Al propietario se le deben dejar todas las facultades, que puedan darle mas

utilidad de sus grangerías, y los medios de asegurar aquellas; pero seria un insensato el gobierno que dejase que un hacendado loco ó desesperado degollase en un dia todos sus atos de ovejas y demas ganadería. Es verdad que este caso es demasiado metafísico, pero es harto comun que el descuido ó la ignorancia de muchos propietarios pierdan ó destruyan su bien individual, que como parte integrante de la masa comun, ni puede ni debe ser indiferente al total de una nacion civilizada.

68. A esta precaucion sin duda útil debe añadirse otra que aun lo es mas, y es precisar á todo criador de caballos construyan en los terrenos en que pasten sus yeguadas unas yegüerizas, ó sean establos de poco coste, en donde pueda el ganado caballar guarecerse de las intemperies, y comer de noche alguna yerba seca mezclada con paja; para lo que en lo interior de estos establos debe haber un pesebre corrido por todos sus lados en proporcion de contener esta yerba; dando á este pesebre alguna mas profundidad de la comun, para que pueda contener mas comida. Son tan absolutamente necesarias estas yegüerizas, que solo con su establecimiento se notará desde el primer año la ventaja de los menos malos partos, y la de ser infinitamente menor la muerte de potros y potrancas que perecen en gran número, ya por los ardores del estío ó ya por las neviscas, frios y dureza de los vientos nortes en los inviernos; verdad que si necesitase de apoyos para su comprobacion en lo que pensaron los antiguos, podria la junta llenar muchas hojas con citas de toda clase; pero solo quiere recordar una de un escritor, que ya ha citado en el parrafo 66, y que tiene entre nosotros justa nombradía. Ha-

bla la junta del que deja copiado del célebre Pedro de Aguilar sobre encerrar los potros de corta edad para asegurar su conservacion.

69. Estos establos ó yegüerizas no es preciso que sean de material, ni mas que cubiertos en sus paredes y techo con retama, en donde como en Andalucía abunda este género, ó con yerba seca ó paja como hacen los pastores, y como ha sido comun en las últimas guerras en las barracas, que nuestros soldados construian muchos hasta hacerlas impenetrables al agua por mucha que cayese. En las provincias meridionales se ha de cuidar de que las puertas de entrada se abran á la parte donde corre el viento mas impetuoso, quedando enteramente cerrados todos los demas lados del establo, y cuidando de que sean lo menos tres las puertas que haya de entrada; y que en el verano han de estar constantemente abiertas, y aun en las paredes opuestas se podrán hacer unas ventanas artificiales tambien de yerba para procurar la ventilacion por las noches; pero por el dia, si la mosca fuere mucha, convendrá evitar cuanto se pueda la claridad, para que el ganado recogido sufra menos la persecucion de aquellos terribles animales. En las provincias septentrionales se necesita de mas abrigo, y la experiencia dictará las precauciones que conviene poner en práctica para lograr los fines deseados, y siempre se han de establecer estos edificios rústicos en alguna altura que proporcione el terreno, tanto para la ventilacion, cuanto para precaver las humedades, que siempre existen en lo interior de los establos por el orin y el excremento del ganado, y que aumentaria mucho el agua detenida en los terrenos llanos de las dehesas.

70. La extension de estos establos ha de ser proporcionada al número de cabezas que se quiera entren en él, arreglando la superficie á cuatro pies y medio por cada caballo ó yegua, y á tres y medio por cada potranca y por cada buey y vaca que no sean de las grandes, en cuyo caso se les dará cuatro pies; pero convendrá que los pastores cuiden de que el ganado caballar no esté mezclado con el vacuno en estos establos; y aunque esta separacion parecerá dificil á primera vista, no lo será en el hecho á pocas veces que se acostumbre á cada especie de ganado á ir á un establo conocido, aunque pasten en comunidad.

71. Como es tan desigual el número de yeguas y aun vacas que puede tener cada labrador, porque esto se arregla á la riqueza de cada uno, los mas pudientes y que lleguen á cuarenta cabezas, harán por sí un establo, y en proporcion los multiplicarán segun lo que ellos mismos crean necesitan para su ganado caballar particularmente; y los pelantrines ó pegujaleros se unirán entre sí para la construccion del mismo edificio rústico, siendo unos y otros libres, tanto en el género de la construccion, sus jornales y operarios, como en las dimensiones del total; pero respondiendo del arreglo á la superficie dada, de la seguridad respectiva de la obra, del terreno en que se situe, y de las demas circunstancias que van dichas, que todas se dirigen á su bien y á su mayor ganancia.

72. A no mucha distancia de estos edificios y en la continuacion de la altura en que estén construidos, que en cuanto ser puede convendrá no se establezcan muy distantes de las casas rurales de que va hecha mencion, se harán pajares proporcionados para la paja necesaria; y la yer-

ba que se juzgue puede consumirse, se depositará en un almear, que aunque en España no es de mucho uso, porque por desgracia nuestra se conoce poco el heno ó yerba seca en las provincias en que mas se necesita, es de muy fácil construccion despues de establecido el fuste ó palo largo, en cuyo alrededor se va apretando la yerba, y despues se cubre con retama ú otra cosa, y asi se conserva perfectamente todo el año.

73. Como es preciso de cuando en cuando limpiar el suelo de los establos, por lo que convendrá mucho empedrarlos con piedra menuda en donde se pueda; se ha de elegir tambien un parage á tres cientos pasos lo menos de los establos, en donde hacer una excavacion proporcionada á la cantidad de estiércol que debe recibir, y evitando si ser pudiese que sea muy húmeda, porque la paja sobre todo no se pudre bien con la humedad, y por consiguiente no adquiere aquel grado de descomposicion, que es la que produce la mejoría del ábono ó estiércol. En tiempo de calores ha de ser la limpieza de estos establos con frecuencia, pero en el de frios bastará que se verifique una ó dos veces por semana. Es cierto que esto exige mas cuidado y mas gastos, pero el criador que entienda sus intereses, muy luego cobrará con usura lo que adelante en la práctica de estos consejos.

74. Como no son muchos los dias en el año que necesite el ganado caballar recurrir á los auxilios que se le procuran, él por su propia conveniencia y su costumbre dormirá al raso todas las noches de primavera, verano y alguna parte del otoño; y las crias en salud y en belleza, despues de dar á sus amos una ganancia que no es fácil

calcular, asegurarán la abundancia del ganado caballar que el supremo consejo desea por el bien comun.

75. Como para asegurar de un modo positivo el aumento del ganado caballar es indispensable la cria de prados sobre todo de riego; espera la junta que el supremo consejo ha de tener á bien permitirle decir algo sobre el modo de establecerlos, no obstante lo que sobre esto dijo en el parrafo 58 aunque muy por encima; porque este punto solo puede tratarse debidamente en las cartillas rústicas de que va hecha mencion, y que la misma junta suplica á V. M. promueva con aquella eficacia que vence las dificultades y consigue enfin el objeto que se propone.

76. El mejor prado, Señor, será siempre el que tenga un declive bastante suave, cuyo suelo sea bueno, y se puede regar todo cuando se quiera, y se aumentará su bondad en el que disfrute los primeros rayos del sol de la mañana y algun tanto de los de mediodia. Síguense despues en bondad los que esten enteramente al mediodia; no son tan buenos los que estan al oeste, y son los peores de todos los situados al norte, ya por la menos buena calidad de su yerba, y ya por lo mucho que sufren con las eladas y escarcha á que los expone su situacion. Los prados que en iguales circunstancias estan en llano, producen mas yerba que los de las colinas; pero esta yerba no es de tan buena calidad, y la que se cria en las montañas elevadas alimenta mas pero abunda menos. La cantidad, pues, y la calidad del pasto proviene, primero de la situacion del prado, segundo del suelo, tercero del género de riego, y cuarto de la especie ó especies de yerbas que forman el prado. Estos cuatro objetos admiten tales ex-

cepciones que es imposible indicarlas aquí, y la práctica mas que alguna otra cosa puede enseñar al propietario con el auxilio de la cartilla rústica el medio de sacar mas fruto y mejor del prado que riega; pero debe evitarse siempre perder el riego en un terreno arenisco, esquistoso (1) ó granitoso, (2) porque jamas producirá buen heno, aunque sus yerbas se crien lozanas en la apariencia. Las yerbas criadas en tierras cretosas, (3) margosas, (4) yesosas ó arcillosas, siempre son de inferior calidad aunque tengan riego, porque el mucho número de principios salinos, no encuentra en estas tierras bastantes sustancias crasas y aceitosas para combinarse con ellas, y producir en proporcion exacta los materiales de la sabia; pero estos prados abonados ó estercolados en cada dos ó tres años, con estiércol bien podrido y hecho, darán buenas yerbas y con bastante abundancia. En los suelos esquistosos, granitosos ó arenosos, produce buen efecto el abono, pero dura muy poco; porque lo movedizo de su suelo hace que se filtre el agua, y por eso el riego produce poco efecto, ó es menester multiplicarle casi continuamente; en los parages donde el agua se estanca habitualmente es la yerba agria y de mala calidad, y la que se cria en los prados expuestos directamente al norte y que apenas reciben la influencia de los rayos del sol, dan un heno que se acerca mucho en calidad al de los prados anegados siempre mala, porque es una verdad incuestionable que la luz es el princi-

(1) Esquistoso, lo mismo que pedregoso.
(2) De granito, piedra berroqueña que se deshace en granitos.
(3) Cretosas ó cretaceas, por ser de caliza blanca que pulverizada se llama tiza.
(4) Tierras con mezcla de limo ó barro ceniciento y calizo.

pal agente de la vegetacion, y que el calor la perfecciona. Con las plantas gramosas de los prados sucede lo mismo que con las gramosas cereales. El trigo de nuestras provincias del norte está mas inchado y es mas grueso que el de nuestras provincias del mediodia, pero una medida igual de este trigo da menos salvado, y con él se hace un pan mas hermoso, y sobre todo mas nutritivo; y esto mismo sucede con la paja y la yerba. La primera es sensiblemente azucarada en las provincias meridionales, y esta dulzura va disminuyéndose poco á poco á medida que se camina mas hacia el norte, que es decir que en Andalucía, Valencia, Murcia, Extremadura y parte del reino de Granada se puede alimentar mas ganado con menos cantidad de grano y yerba, que en Castilla, Galicia, Asturias y demas provincias septentrionales.

77. El trigo lo mismo que el heno de los llanos jamas tiene en igual grado la calidad sabrosa y nutritiva que los granos y las yerbas de las colinas bajas; exceden á estos granos en uno y otro las colinas mas elevadas, y ultimamente en las montañas altas es mejor uno y otro, aunque pierde en altura lo que gana en finura y partes aromáticas. El mejor terreno para trigo, sea en llano ó sea en colina, será el mejor para el prado de riego, y sobre todo para prado de secano, pero es preciso mucha abundancia de tierras ó mucha precision de pastos para resolverse á cambiar la yerba por el trigo.

78. La junta, Señor, quisiera que la calidad de este informe le permitiese entrar en los pormenores de la preparacion del suelo, modo de romper el terreno, circunstancias y épocas de la siembra, método de la siega y re-

coleccion, cavas preferibles al arado, eleccion de las semillas, analogía de estas respecto á nuestro suelo, modo de sembrarlas en los prados, conservacion de estos, direccion de sus riegos, calidad de las aguas y medios de corregirlas, construccion de cauces ó acéquias, diferencia de los cauces de detencion á los de introduccion, al de descarga, al de reposo, al de represa, al de desagüe, al de saneamiento; enfin, Señor, todo lo que puede y debe saberse para el fomento, ó mas bien el establecimiento de estos prados de riego en la península mas fértil, mas bien establecida, y acaso la mas agricultora que puede haber entre todas las de Europa; pero esta es obra que solo pueden desempeñar las cartillas enunciadas. La junta, Señor, se regocija y se goza con la esperanza bien fundada de que V. M. ha de promover tan útil trabajo. ¡Que perspectiva tan grandiosa se ofrece á su imaginacion, cuando considera, que establecidos los prados artificiales, mejorado y aumentado con su auxilio el ganado caballar, disminuido mucho el mular destructivo, no son solo estos beneficios parciales y aislados lo que procura á la nacion la sabiduría del consejo, sino que su benéfica influencia se extiende por este medio al aumento necesario de la agricultura, á las mejoras precisas del comercio, á la riqueza y al poder esencial de la nacion entera! Lejos, Señor, de los deseos de la junta, que informa á V. M., aquel empeño mezquino y siempre ruinoso de procurar un bien exclusivo hácia un género determinado de cultivo ó de propiedad. Lejos de ella, aquel espíritu mal entendido de profesion, ó de cuerpo que solo mira á las excepciones y á las ventajas que considera como personales, y solo para ellas desea la favorita atencion del gobierno, alucinándose hasta el punto de fijar el bien comun y la riqueza de todos en un sistema exclusivo y anti-político á todas luces. La junta, Señor, está muy distante de unos principios tan equivocados. Desea el aumento del ganado caballar, porque en él vé la prudente minoracion de las mulas infecundas y costosísimas; y presagía con sólidos fundamentos, que dado este paso, es preciso se faciliten los que serán su consecuencia, si el gobierno constante en sus principios dirige sus cuidados paternales hácia todos los ramos de prosperidad comun, que tambien conoce, y que no es dado á la junta, ni aun indicar como extraños al informe que se le pide. Le desea sabiendo que la guerra es un mal, y un mal grave, pero inevitable muchas veces, y quiere que la pureza de la religion, las propiedades, la quietud del labrador, los goces honestos del ciudadano, el decoro del Soberano, el buen nombre español, la felicidad enfin de todos sus hermanos, sean respetados por el orgullo ó la ambicion del extrangero, ó que si este provoca su defensa, encuentre los medios de reprimirle y aun escarmentarle en una fuerza proporcionada, temible mucho, si la auxilian la instruccion y la disciplina.

79. No tema, Señor, V. M. que falten tierras en que establecer estos prados artificiales tan recomendados en la ley 1ª tit. 11 y la 6 y 7 tit. 20 de las de Partida que son admirables, y que recomendaron tambien los sabios Esquivel, midiendo la superficie del imperio español con los triángulos de Reggio Montano; el infatigable Laguna, estudiando la naturaleza y la botánica con el Dioscorides en la mano, en los campos deliciosos de Egipto y Grecia; y

el célebre Alfonso de Herrera, estimulado por el cardenal Cisneros, instruyendo ademas á sus contemporaneos de cuanto supieron los geopónicos griegos y latinos, y aun los fisicos de la edad media en el arte de cultivar la tierra. No lo tema, Señor, V. M., repite la junta. En el siglo pasado se vendieron solo en el término de Xerez de la frontera 15527 fanegas de tierra, y consta en los instrumentos de esta venta que aun quedaban en aquel término inmensos valdíos. A pocas leguas de Xerez, esto es en Utrera, despues de repartidos á principios de este siglo gran cantidad de valdíos, aun quedaban 21000 fanegas de tierra valdía. En Ciudad-Rodrigo se contaban poco ha 110 despoblados con 3000 fanegas de tierra inculta. En el término de Salamanca es mucha la que hay de esta clase. Y en Extremadura, dice Zavala, que solo en el término de Badajoz se hallan veinte y seis leguas, sobre doce de ancho, de terreno inculto, aunque muy bueno, sin contar el Monte bajo que ocupaba entónces la tercera parte de esta provincia. La industriosa Cataluña, esta rica provincia, que es sin disputa la de mas utilidades respectivas en todas clases, contaba no ha mucho dos cientos ochenta y ocho despoblados. ¡Cuanto, Señor, no habrá acrecido este inmenso daño despues de la guerra que acabamos de sostener! (*) No faltan pues terrenos para establecer prados artificiales,

(*) El reino de Aragon tan rico en frutos, tan abundante en rios y aun minas, como escaso en poblacion, puede aumentar esta con solo aprovechar las inmediaciones de sus rios Cinca, Segre, Gallego, Jalon y Gilóca; y no se habla del Ebro, porque sus magníficos canales imperial y real de Tauste fertilizan muchas leguas, y gritan, digámoslo asi, á los valientes aragoneses que de ellos depende centuplicar sus riquezas rurales, y con ellas su poblacion y su eterna nombradía.

ni dejarán de producir cuanto se desea, si se establecen escuelas de agricultura, como deseaba muchos siglos ha Columela en Roma, nuestro célebre Herrera, el sabio Diego Deza y otros buenos patricios del siglo 16. Pero estos establecimientos, que necesitan mas tiempo y mas auxilios, deben ser precedidos por las cartillas rústicas, que producirán un bien inmediato y de sumo interes. Nuestras leyes, que siempre han procurado lo mejor, no descuidaban promover estas ciencias, como se dice terminantemente en la ley 1ª tit. 31 de la Partida 2ª Aun cuando en los últimos tiempos se hayan repartido algunos valdíos de cualquiera modo, quedan aun en la península, no solo muchos, sino muchísimos que debieran hacerse útiles, reduciéndolos á propiedades.

80. Tenidos ya los pastos necesarios, es preciso recapitular este segundo punto, acordando el esencialísimo objeto de que los propietarios y criadores de caballos han de recoger indispensablemente sus yeguas preñadas ó recien paridas, ya sea en las yegüerizas que van detalladas ó en las caballerizas de sus casas en el pueblo ó en el campo, y las han de alimentar con el heno ó yerba, paja y cebada, que su prudente juicio y experiencia les aconseje, dejando enteramente á su arbitrio los pormenores de estas útiles faenas, porque el gobierno no debe ser un pedagogo indiscreto, que quiera llevar por la mano al que gobierna su hacienda, sino un padre justo y prudente, que procura á sus hijos los auxilios que necesitan despues de haber salido de la patria potestad.

81. Una de las causas principales del mal parto de las yeguas, y del atraso de sus crias, es el trabajo inconside-

rado, que se les da en la trilla por ahorrarse los costos, que ocasionaria una prudencia bien entendida, pero que no es fácil en quien mira solo el interes del instante, y funda siempre esperanzas lisonjeras en lo que él dice, puede ó no suceder. No entrará, Señor, la junta en el pormenor fastidioso de este ímprobo trabajo, y dirá solo que sus resultas combinadas con la libertad, que se deja á las yeguas de comer todo el trigo que quieren en la era, dándoles de beber con muy poca intermision despues de la trilla, produce males que cuando no maten á la yegua, lo que sucede muchas veces, la dejan en estado de que en el invierno próximo padezca de un modo que todos conocen. Como los labradores, sin saber que Caton lo dijo, conocen la máxima de este sabio, que expresaba *importa poco que un campo sea bueno, y rinda mucho, si cuesta mucho el trabajarlo, porque entónces el provecho es nulo*, será en vano quererles persuadir á que minoren el trabajo de sus yeguas en la trilla; pero cederán inmediatamente si se les proporciona otro medio, que sin aventurarles el primer riesgo, les facilite el mismo producto en las trillas. La junta, Señor, cree haberle hallado y muy sencillo. Los capones, que por un error incomprensible previene la ordenanza de caballería rural, no deben pastar con las yeguas en las dehesas, y la prohibicion tambien mal entendida de que el criador no cape los potros que le parezca; estas dos preocupaciones, que la junta no comprende que pudo motivarlas, impiden que la trilla no se haga con capones en vez de hacerse con yeguas. Convendrá tambien mucho procurar hacer entender á los criadores de yeguas, que les importa mas de lo que piensan el hacer que sus mozos y yegüeros manoseen las yeguas en el curso del año, porque lo bravías que se crian por falta de esta precaucion, las hace sumamente sensible la operacion de herrarlas para la trilla; y como muchas veces es preciso derribarlas en el suelo para conseguirlo, de esta violencia resultan los frecuentes malos partos tan comunes donde se trilla con yeguas, que puede contarse como en una tercera parte. La trilla, Señor, en las Andalucías hace mas daño en el ganado caballar, que hacian las viruelas en los hombres antes que se descubriese la inoculacion y la vacuna.

82. Hágase ver á los criadores la utilidad de este método; déjeseles la libertad de capar cuantos caballos quieran, y sin mas consejos, sin mas leyes, sin mas precauciones, sin mas fórmulas; en una palabra, con no hacer nada, los mismos criadores evitarán los perjuicios que hasta aquí no han podido remediar leyes sin cuento, multas infundadas y vejaciones de toda clase.

83. Acaso se dirá que los pegujaleros, que solo tienen cuatro ó cinco yeguas, no podrán verificar su trilla con dos ó tres capones; pero la cosecha de estos ha de ser precisamente muy módica respecto á los demas, que tengan muchas yeguas; y aunque geometricamente no sea exacta la comparacion de lo muy poco, á lo mucho mas, lo es bastante en el órden político rural; porque á los pobres que tienen yeguas, no todas les nacen potrancas, ni todos buenos potros; con que dentro de muy pocos años tendrán los suficientes para la trilla. Ademas que con que solo alternen en ella las yeguas y los capones, es suficiente para lograr las ventajas que la junta propone, y está muy distante de creer que no convenga á las yeguas algun ejercicio en la trilla,

particularmente despues que está ya la mies rota, porque este rompimiento deben hacerlo siempre los capones. La junta, Señor, quisiera recordar á V. M. lo importante que seria promover en España las máquinas para trillar. Los límites de este informe no le permiten detallar ni la de Foester, ni la de Hansen, ni la de Perpesson, ni la que usan los escoceses, ni finalmente las del método de trillar con caballerías y trillos, puntos tratados todos con acierto y maestría en el curso completo de agricultura de Rozier, desde la pag. 478 hasta la 500, tom. 15, y que debieran tambien incluirse en las cartillas rústicas, siendo el primero que diese el ejemplo de su establecimiento el Rey nuestro Señor en sus haciendas de Aranjuez, y los demas grandes y pudientes del reino en las suyas respectivas; porque en esta clase de adelantos no hay otro medio que hacer conocer sus teorías á los mas rudos; presentarles ejemplos que les hagan ver las resultas felices y darles los medios necesarios de la ejecucion. Los preceptos adelantan poco, y deben estar reservados para otros muchos casos, en que la sociedad se ve precisada á coartar la libertad individual por el bien comun.

84. Parece imposible que esta prohibicion de capar sus dueños á los potros, la haya producido el medio de que se haga con alguno, que prometa ser buen caballo padre, ó á lo menos que en su formacion y calidades á los dos años asegure el dueño una buena venta. ¿Podrá haber en el mundo un hombre tan necio que desconozca á este grado sus verdaderos intereses? No ciertamente. En el campo no hay ni con mucho las virtudes que nos pintan los genios floridos, ó alguno tal vez preocupado; pero sin miedo de

equivocarse, se puede asegurar que en esta clase de cálculos sabe tanto el labriego mas zafio, como Neuton y Don Jorge Juan. Se equivocan es verdad por falta de conocimientos rurales, pero se equivocan creyendo que aciertan, y jamas dejan de seguir para sus prácticas las reglas de una tradicion por lo comun viciosa, ó el consejo de uno que tienen por mas inteligente.

85. Cree, Señor, la junta que ha analizado cuanto le ha sido posible el segundo punto de su informe; pasa pues al tercero.

TERCER PUNTO.

Necesidad de introducir yeguas y caballos padres del extrangero, y reparto de unas y otros por provincias.

86. Que es mucha la escasez del ganado caballar en España es una de aquellas verdades que se tocan, digámoslo asi, y en los últimos apuros en que se ha visto la nacion pueden atestiguarla el gobierno mismo, todo el ejército y hasta el último aldeano, y que los caballos que se encuentran estan degenerados de un modo lastimoso, no hay oficial de caballería que pueda llamarse tal que no lo haya visto practicamente. Lo ven tambien los carromateros, y que á excepcion de algunos caballos de la huerta de Valencia, que tienen vigor y fuerza para el tiro, porque han comido y se crian con abundancia, todos los demas son inútiles particularmente para este ministerio. Se hallará, Señor, algun caballo con lo que se llama gracia en los brazos, y con algunas otras calidades de las que se buscan

para los movimientos suaves y plegados en el picadero; pero aunque la junta está muy lejos de reprobar las precisiones y elegancia respectiva de la equitacion civil; y aunque confiesa, que para ella tienen nuestros caballos finos circunstancias tan recomendables, que á igualdad de instruccion podrán aventajar á la mayor parte de la Europa, no es esta enseñanza el objeto primero, ni el útil, ni el que deben buscar las naciones con exclusiva atencion, si no equivocan sus verdaderos intereses. Dignísima y admirable cosa es, que en la capital de un reino, y en sus principales ciudades se hallen suntuosos edificios públicos, magníficos teatros, bien decorados museos, gabinetes curiosos, frondosas alamedas, y soberbios monumentos; pero si los caminos públicos de direccion general, si los interiores de comunicacion de un pueblo á otro, de una á otra villa: si las posadas y demas necesario para el tráfico cómodo y seguro, estan tan deteriorados, ó por faltar absolutamente, forman un contraste desagradable con los adornos parciales de las capitales, estos no serán otra cosa que un argumento mudo, pero terrible contra la direccion pública que equivocó los medios de establecer la prosperidad general. Del mismo modo, Señor, magníficos picadóres, y un número de caballos en ellos que desafien, digámoslo asi, á la destreza de sus mismos maestros, cuando los coches, los carros, todos los oficios civiles, y el ejército mismo, no encuentra ni con gran diferencia los que necesita, aun supliendo infinito en las calidades precisas, serán tambien por la misma razon una prueba evidente, de que en este ramo se erró de igual modo el camino que reclama el bien público, y que en vez de los frutos que se deben procurar, se contenta con las flores esteriles de una apariencia engañosa.

87. En el parrafo 41 de su primer informe dijo la junta que por los años de 1360 y 1370, en tiempo de los señores D. Juan el primero y Don Enrique el tercero, se establecieron ya leyes y providencias para la conservacion y aumento del ganado caballar, y en casi todos los capítulos de ordenanza de caballería se hallan pruebas, de que el mal es en nuestros dias ya muy complicado, y en esta razon debe ser la eficacia de los remedios. Sirva entre otros de prueba el art. 20, y el 22, que manda *que en defecto de los caballos padres de los particulares, se compren del caudal de propios los necesarios y correspondientes al número de yeguas, y que los criadores no paguen por estos caballos, ni por su servicio el caballaje.* Esta providencia que empezó á verificarse en el año de 91 prueba la escasez de caballos padres, y prueba tambien el poco apego, y aun dirá la junta el ódio con que los criadores miraban la ganadería yeguar, por las trabas y sujecion con que preceptos muy bien combinados en el gabinete, pero ruinosos en la práctica, los cargaban de obligaciones minusiosas opuestas á sus intereses y á sus quehaceres respectivos.

88. De paso, Señor, quiere la junta hacer ver á V. M., que estos mismos dos artículos copiados tan benéficos y equitativos en la apariencia, aunque por el pronto hiciesen fecundas á muchas yeguas, que se quedaban sin acaballar, con el tiempo era preciso que los criadores, que teniendo veinte yeguas debian mantener segun el artículo 18 de la misma ordenanza un caballo padre, se deshiciesen de él por libertarse entonces del riesgo de perderle, y por ahor-

rar, no solo el dinero de primera compra, sino el costo del tal caballo padre en todo el año, que no bajará de treinta á cuarenta doblones. Para esto se quedarian solo con diez y ocho yeguas, y ya el artículo no les obliga; y á esta disminucion, que progresiva es de mucha consideracion, se añade el daño aun mayor, de que siempre serian mejores los caballos padres que compraba y mantenia el propietario, que no los habidos del caudal de propios, y esto con el tiempo debia precisamente deteriorar las castas mas y mas. La penetracion del consejo no puede dejar de prever por esta sola observacion, cuan peligroso es establecer principios y reglas puramente especulativas sobre objetos prácticos, que por mas talento y mas conocimientos, que quieran suponerse en los autores de estos códigos de consejo y precaucion; siempre es preciso se resientan de la falta de hechos, que hacen ver por sí mismos la diferencia que hay de preceptos metafísicos á las consecuencias de la práctica y el interes. A la junta le parece que en esto hay una regla de muy pocas excepciones, y va á proponerla. Siempre que se ve que los resultados no corresponden á los cánones mas bien pensados y á las teorías mas bien combinadas, suponiendo que no haya defecto en la ejecucion, será prueba infalible, de que estos cánones y reglas no son los que deben ser; ya por las circunstancias de los tiempos, ya que por mas interes que resulte al bien público de este ó de otro ramo de industria, es preciso dejar la libertad necesaria á aquel á quien se confia, en vez de atarle las manos en los usos de su grangería. El criador puede vender el cordero, el cabrito, el ternero, el cerdo, enfin cuanto irracional nace en su casa, desde el instante en que nace si le acomoda, ¿pues, porque no hará lo mismo con el potro? Las consecuencias de esta reflexion las deja gustosísima la junta al superior conocimiento del consejo, y vuelve á su asunto.

89. Las causas de la minoracion del ganado yeguar son muchas como va dicho, y la principal es el excesivo número de mulas, como la junta expuso en su primer informe al parrafo 43. Que en el reinado del señor D. Felipe cuarto podia contribuir sola España para la guerra con setenta y nueve mil nueve cientos y noventa caballos, lo expuso la junta en el mismo informe, parrafo 39. En el 40 hizo ver, que aun en el dia hay alguno que otro caballo fuera de Andalucía, que puede hacer tanto como estos en la guerra, y que antiguamente en todas las provincias se hallaban caballos que servian para todo, ventaja que puede resucitarse en España en brevísimo tiempo, solo con el sencillo medio de cruzar las castas con caballos extrangeros, trayendo al mismo tiempo las yeguas necesarias para repartir por provincias.

90. Que cruzando las castas, estas se mejoran, apénas habrá quien lo dude. En España tenemos ejemplares que cita D. Pablo Pomar, y la junta no cree necesario reproducir aqui. El célebre naturalista Bufon dice en el tomo 24, edicion en 8º pag. 85. *Que se sabe por experiencia que las razas cruzadas de los caballos son las mejores y mas hermosas, y que en consecuencia hariamos bien de no limitar las hembras á un macho de su pais, que ya él se parece mucho á su madre; y que por consiguiente en lugar de mejorar la especie, no puede menos de continuar en degenerarla.*

En el tomo 25 pág. 18 de la misma edicion dice tambien. *Parece que el hombre ha partido su imperio con la naturaleza segun ha renovado la faz de la tierra::: Sin embargo, no reina sino por derecho de conquista, ni le conserva sino á fuerza de cuidados renovados siempre, porque si estos cesan todo desfallece.* En otra parte dice al mismo propósito. *La impresion originaria subsiste enteramente en cada individuo, pero con muchísimas diferencias, no menos en la especie humana, que en la de todos los animales y de los vegetales, y en cuanto se reproduce; siendo cosa singular que parece que el modelo de lo hermoso y lo bueno está esparcido por todo el mundo, y que no reside en cada clima, sino una porcion tomada de lejos; de suerte que para tener buenos granos, hermosas flores y frutas &c. es menester cambiar las semillas, y no volverlas á sembrar en la misma tierra que las produjo; y del mismo modo, para tener hermosos caballos ó buenos perros, es menester dar á las hembras del pais machos extrangeros y reciprocamente, porque sino los granos y las flores, del mismo modo que los animales, degeneran, ó mas bien toman una impresion tan fuerte del clima, que la materia viene á dominar sobre la forma, y aparece como embastecida. La impresion, dice, queda, pero desfigurada por todos los rasgos que no le son esenciales; en vez de que mezclando las razas, y sobre todo renovándolas siempre con otras extrangeras, parece que la forma se perfecciona, y que reanimándose la naturaleza da todo lo mejor que puede producir. No hay mas que reflexionar que en un clima caliente debe haber con exceso todo lo que es preciso falte en uno frio, y de todo se hace una compensacion recíproca, cuando se juntan los animales de climas opuestos.*

91. La sola opinion de este hombre singular, que aun rebajando todo lo que pueda seducir el estilo alagüeño é inimitable con que escribe, será siempre venerada como la del mas profundo conocedor de la naturaleza, basta por sí sola para que no se duden sus asertos; pero por fortuna su opinion está sancionada por el resultado universal de todo el mundo, y en Andalucía las mas famosas castas de Martel, el Vicario y otras han debido su justa nombradía á la prudente eleccion de sus dueños de caballos padres de la loma de Ubeda, y aun de algunas yeguas extrangeras. Este es punto tan claro en la opinion de la junta, que no insiste mas en probarle, y solo cree debe añadir que es público en la ciudad de Xerez de la frontera, que la hermosura que en los últimos años tuvieron comparativamente sus caballos, se debió á la casualidad de haber comprado un vecino de ella, conocido por el nombre del *soldado*, una mala yegua frisona que halló en Cadiz. Cubrióla con un caballo padre que tenia, y esta union produjo un hermoso potro que vendió despues á un caballero llamado Virués, y con este potro sacó excelentes caballos, que sucesivamente mejoraron las castas de aquel gran pueblo.

92. Una consecuencia precisa de la escasez y deterioro del ganado caballar en España, es la necesidad de introducir yeguas y caballos padres que remedian entrambas faltas; y como cree la junta, no solo útil, sino preciso que se trate al mismo tiempo de fomentar las diferentes especies de caballos para tiro económico y el de la artillería; para la labranza, en donde aconseje la calidad del terreno que se are con caballos en vez de bueyes; para el uso de los coches; para la misma arriería; para el recreo y os-

tentacion debida del Rey nuestro Señor, y de sus vasallos pudientes; y finalmente para el uso general de la caballería, como apuntó la junta en su primer informe en el parrafo 46, cree conveniente detallar, no solo el número de yeguas y caballos que juzga preciso introducir, sino el reparto de todos por provincias con arreglo á lo que prometa el terreno y clima de cada una en los caballos que crie.

93. Parecele á la junta que pueden introducirse del extrangero 4200 yeguas y 200 caballos padres, que aunque es cierto tocarán entónces á 21 yegua á cada uno, como deben quedar tambien los caballos padres andaluces para cruzarlos con las yeguas extrangeras, segun se dirá mas adelante, hay sin duda el suficiente número de caballos padres para la pronta mejora y aumento que se desea.

94. Este número de yeguas se ha de dignar S. M. hacerlas comprar en Francia, en Dinamarca, en Italia, en Alemania y en Holanda, y los caballos padres será bueno, sean por ahora normandos ó ingleses, porque son los conocidos como de mas vigor y aguante que hoy existen en Europa. Las yeguas de que va hecha mencion podrian repartirse en el modo siguiente.

En las dos Castillas.	1000.
En Asturias y montañas de Santander.	500.
En Galicia.	500.
En Navarra.	250.
En Aragon.	1000.
En Cataluña.	500.
En Valencia y reino de Murcia.	300.
En Mallorca.	150.
	4200.

No se ha señalado reparto para las Andalucías, porque las yeguas de aquellos reinos han de venir á Castilla, Asturias y demas provincias señaladas segun el número, que se crea necesario en cada provincia para el uso á que se destinen los caballos de ella, como se dirá mas adelante; y de las yeguas extrangeras se llevarán á las Andalucías igual número de las que se sacaren, para que allí se crucen las castas con los caballos padres andaluces, haciendo un prorrateo general de todas las provincias, que ahora es imposible determinar en cuanto al número, porque la junta ignora el de yeguas admisibles que puede haber en Andalucía; pero pide la justicia que á los propietarios de las yeguas andaluzas que se extraigan, se les entreguen en cambio igual número de las introducidas del extrangero; y para equilibrar su valor en cuanto sea dable, se determinará este por el albeitar reconocedor, y con anuencia del comisionado y dueño de la yegua ó yeguas. Si el exceso de este valor resultase en favor de la yegua andaluza, se dará al dueño el exceso en dinero contante, ó bien en otra yegua si fuesen muchas las que toma, y le acomodase el convenio. Si con presencia de la factura de costo y costas; mas los tres cientos reales señalados (y esta cantidad de tres cientos reales se ha de entregar siempre en efectivo, aun cuando se compre al fiado el caballo ó yegua para los fines que mas adelante se detallan) para la venta de la yegua introducida excediese el precio de esta á la andaluza, deberá abonarle su dueño; pero con la facultad de pagar la sexta parte en cada año, si no se hallase con el dinero en efectivo. Todas las diligencias para este arreglo han de ser puramente convencionales entre el comisionado, el dueño de la yegua ó yeguas, y el profesor que tase su precio; pero ha de quedar terminado en el acto este cambio para no retardar el envio de las yeguas andaluzas á las provincias á que se destinen, siguiendo el mismo método con los caballos padres andaluces, que se extraigan para Extremadura; y si no hubiese bastantes para que queden en Andalucía todos los necesarios, se llevarán solo los que puedan darse comodamente, y los que falten para el completo se darán á Extremadura de los caballos extrangeros introducidos.

95. Para las Andalucías y Extremadura se han de entresacar las yeguas mas finas de Francia, Dinamarca y Alemania, llevando á Extremadura algunos caballos padres andaluces, puesto que el objeto de las crias en aquel territorio ha de ser aumentar la fuerza y nervio de ella; pero sin tratar de destruir la finura respectiva, que no podrá dejar de producir el estado actual de los caballos andaluces, y la establecida en Extremadura. De Andalucía se hará la remonta para la caballería; pero sin excluir las demas provincias, hasta que la experiencia haga ver lo que mas convenga en este ramo; porque aunque la junta ha tenido presente el decreto, que la regencia del reino con fecha de 18 de marzo de 1813 expidió sobre la libertad de los criadores y fomento del ganado caballar, no le parecen suficientes á remediar el daño, aunque juzga útiles en mucha parte sus reglas; y conviene esperar á que la práctica determine, si convendrá destinar regimientos á remontar en esta ú otra provincia como algunos proponen. En el dia seria inútil esta tentativa; porque fuera de Andalucía se hallarán muy pocos caballos de la talla necesaria, y

no es verisímil que haya coronel de caballería tan preocupado todavía, que deje de comprar para su regimiento los que encuentre, y sean ó no capones en cualquiera provincia. La esperanza de que se hallarán tal vez en la Mancha por la orden de que en donde se permite el garañon, se echen precisamente la tercera parte de las yeguas al caballo, es poco fundada en dictámen de la junta. Acaso para dar cierto aire de cumplimiento á la citada orden puede algun manchego tener cuatro ó cinco ó pocos mas potros, útiles tal vez para la caballería, y esto será solo desde los principios de la revolucion, en que calcularian que las mulas no hallarian compradores; pero siempre será este un recurso poco mas que cero, y cree la junta que debe proponer medios que aseguren un efecto en grande, y no paliativos de tan poca valía, que ni aun merecen rigurosamente este nombre. Mas adelante se indicarán los gastos, que han hecho los manchegos para su cria del ganado mular que tanto les ha redituado. Cuando haya muchos caballos en todas las provincias, no necesitan los regimientos prevenciones para la eleccion, y remontarán donde hallen mas baratura en igualdad de un buen servicio, sin pararse en la ridícula manía de caballos pintados por Velazquez. Capones aunque feos, pero membrudos, ágiles y con buena talla, son los que pide la guerra, y los que eligirá el que la conozca y sepa hacerla. Cuando á esta práctica racional y justa se agregue la de emplear yeguas en el servicio de los regimientos como se hace en toda Europa; y cuando los particulares tambien desechen la preocupacion de no montarlas por juzgar, ó que no pueden hacerles buen servicio, ó que las inutilizan por esto para la cria, entónces el mayor consumo producirá infaliblemente el aumento y la mejora del género: y entónces la necesidad pondrá á todos en el caso de ver prácticamente las ventajas, que hacen los caballos capones á los enteros para el uso comun en todos ramos. Si la junta, Señor, tuviese las facultades de V. M., propondria un premio para el coronel de caballería, que primero presentase su regimiento montado todo en caballos capones, y aun con algunas yeguas de aquellas, que no pudiesen perjudicar á la produccion de su especie, mientras dure la escasez. En esta última guerra se ha visto ya lo que pueden hacer las yeguas en un regimiento de caballería. (*)

Para Aragon se traerán las yeguas andaluzas de mayor alzada y mas hueso, porque en esta provincia se han de procurar caballos de coche con gallardía y poder suficiente.

Para Asturias, Galicia y Cataluña se han de llevar yeguas de las introducidas de las mas bastas, y caballos padres de los mas finos de Italia y Holanda, con el fin de que allí se produzcan los caballos de tiro para la artille-

(*) Antiguamente en que apenas habia un caballero de mediano caudal que no hiciese sus viages, y que no paseáse á caballo, era muy comun el uso de las yeguas para estos ejercicios. Pudieran darse muchas pruebas de esta verdad, pero citaré solo la de nuestro autor cómico D. Pedro Calderon de la Barca, que en su comedia *Casa con dos puertas* en la escena 5.ª de la jornada 3.ª dice Lelio, criado, á D. Fabio, viejo,

   Ello fue dicha, Señor,
   pues apenas una legua
   andada, cayó la yegua,
   porque pudieras mejor
   volverte á tu casa. . . . .

Son muchos los autores cómicos de aquellos tiempos, en que se habla de esta útil costumbre, y el que sepa con cuanta exactitud pintaron aquellos los usos de la época en que escribian, no puede dudar de la verdad de nuestro aserto.

ría y demas servicios de carruage en la guerra, porque tendrán entónces toda la fuerza debida con la soltura y ligereza que pide su ministerio.

En Navarra se establecerán yeguas de las mas bajas, y caballos padres de alzada que, aunque grande, no sea la mayor, con el fin de que sus crias sirvan para la arriería y para el arado.

Para Valencia y Murcia convendrá destinar yeguas de mucho hueso, supliendo algo en la formacion y caballos sanos á toda prueba, para que de allí saliesen los caballos de carrosmatos, coches de camino y demas de tiro en todos los usos; porque la práctica ya conocida allí del mucho riego, y la facilidad con que se crian las alfalfas, las algarrobas, y con que se puede dar heno en abundancia, producirian desde luego crias robustas y corpulentas, como en el dia vemos lo son regularmente los caballos de la huerta de Valencia y Murcia. Por regla general se ha de observar el dar á las yeguas el caballo padre, que desconvenga en parte con la formacion exterior de la yegua, como si esta tiene las orejas muy largas, el cuello excesivamente corto, y es muy cargada de corbejones, deberá cubrirla un caballo de oreja corta, cuello espacioso y lo que comunmente se entiende por cañilavado. Los caballos ingleses, que por lo comun descienden de los arabes y berberiscos, dan caballos finos de mucho valor. Los caballos napolitanos dan igualmente buenos caballos de silla y de coche, si montan yeguas proporcionadas á estos usos, y lo mismo sucede con los daneses, y los de Alemania y Holanda como de Holstein y Frisia, atendiendo á que la mejor marca para los caballos de silla, y para las tropas de línea del ejército, ha de ser de siete cuartas, y cuatro, cinco ó seis dedos; y los de tiro para la artillería y demas carruages de campaña, y para los coches de siete cuartas, y lo menos nueve dedos. (*) Para las tropas ligeras en la caballería puede rebajarse dos ó tres dedos de alzada.

Debe tener presente todo criador que por lo regular contribuye mas el caballo que la yegua á la perfeccion de las crias, y con este dato se esmerarán en el cuidado de sus caballos padres. (**) Los caballos padres andaluces son excelentes, si se cuida de llevarlos de unas provincias á otras, como los del reino de Sevilla al de Jaen, estos al de Sevilla, y los de Córdoba á Valencia ó Murcia, sustituyendo en Córdoba caballos extrangeros, y en todos casos se ha de cuidar de no echar los caballos padres á yeguas, que tengan mucha diferencia en la alzada.

96. Este reparto que solo ha determinado la junta para dar una idea de como puede hacerse la operacion, dando á cada provincia el ganado, que juzga convenir mas á su terruño, debe sujetarse enteramente á las resultas de la experiencia; porque todo establecimiento nuevo adolece de la incertidumbre comun de las teorías, y es muy fácil enmendar las faltas especulativas, cuando los hechos demuestran el verdadero camino que debe seguirse.

97. El Rey nuestro Señor tiene en Aranjuez particularmente, y en todos los vastos terrenos de los antiguos bosques que servian solo para la caza, un manantial inagotable de riqueza en la cria del ganado caballar; por ma-

---

(*) Véase á Bufon hist. nat. tom. 7. pag. 144 y siguientes.
(**) Véase á Bufon. hist. nat. tom. 7. pag. 208.
Traduccion por Clavijo en Madrid, de 1793.

nera que en eligiendo los terrenos, ya en el fértil, húmedo y templado Aranjuez, ya en los secanos del Pardo, y el Escorial, ya en los riegos que en estos secanos pueden establecerse para prados artificiales, tendrá S. M.; no solo caballos muy finos para sus picaderos y recreo de su Real Persona, y la de toda la demas Real Familia: no solo para el lujo ostentoso de sus coches, no solo para el acarreo y precisiones de su palacio y servidumbre, no solo para el servicio de sus caballerizas y sus consecuencias; sino para poder regalar muchos á los príncipes, á quienes quiera hacer conocer la mejor de sus castas, y poder tambien deshacerse de los sobrantes, y que cubran los gastos del primer establecimiento; porque como padre de sus vasallos no ha de querer impedir el lucro y venta de los criadores, que jamas podrán tener los recursos que S. M. para mejorar sus castas desde el primer año, y tener al quinto tanta abundancia de caballos, como sean las yeguas que emplee, y los caballos padres que les destine.

98. Ni se objete á la junta, que este establecimiento es costoso, es complicado, es dificil. La mezquina reflexion del calculador partidario, ó del particular apocado y discursivo, jamas debe ni aun escucharse por los gobiernos, que quieran merecer en Europa la consideracion y el aprecio. Un Rey que tantas pruebas ha dado ya de cuanto desea el bien, y que manda á una nacion como la española, debe atender solo á la utilidad, sin pararse en el preciso dispendio que la procure. Mientras en las grandes empresas se mezcle el espíritu de economía mal entendida, y quieran evitarse los *avos* del genio comercial y rutinero, en vano se esperan ni ventajas reales, ni mejoras de ninguna

especie. Un millon poco mas de pesos debe ser como una cantidad negativa en el caso presente, y la junta sabe que es muy grande el corazon del supremo consejo de la guerra, para que se detenga en miserias tan despreciables.

99. S. M. puede tambien hacer venir algunos caballos berberiscos y árabes de la mayor altura, para que las reales caballerizas de Córdoba tengan, en caballos de una asta proporcionada, el mismo vigor, aquel teson jamas cansado para el trabajo, que no ha mucho se admiraba en las hacas de Sicilia; ventaja que logrará, si á las yeguas que producian estas hacas acompañan los caballos que acaban de citarse; y vea aqui, Señor, uno de los mayores bienes que puede hacer el Rey á la nacion con solo dar el ejemplo de admitir el útil proyecto de cruzar las castas. Los grandes de España, que justamente desean segundar las ideas de S. M.; los pudientes que les siguen en el órden de las riquezas y de la clase; los particulares que en la corte buscan, ó el patrocinio ó la consideracion; todas las clases, Señor, finalmente, que por una imitacion disculpable en esta parte, se amalgaman á lo que ven hacer en el real palacio; este es el primer eslabon de la cadena, que insensiblemente se pondrá en contacto con las demas provincias, y el ejemplo, el consejo y la ley prudente reunirán todos los eslabones, y se logrará enfin la mejora que se desea.

100. Introducidos ya los caballos y yeguas, y hecho el reparto en las provincias del modo que va dicho, se deberán establecer depósitos en las mismas como anunció la junta en el primer informe, parrafo 47; pero las providencias para su reparto deben ser ejecutivas, libres en cuan-

to ser pueda de aquellas fórmulas, que hasta aqui se creyó eran el medio seguro de evitar fraudes, y de asegurar resultados felices á que iban dirigidas todas las ordenanzas en esta materia. La junta, Señor, para dar una prueba material de lo complicado de estas órdenes, y de la precision de que hayan quedado eludidas por su misma naturaleza, siendo al propio tiempo contrarias al fin mismo que se proponia, va á copiar el artículo 7 de la ordenanza de caballería de 1754, que sirvió de basa á la recopilacion del 25 de abril de 1775. Este artículo dice asi. *Se ha de hacer por los corregidores y justicias ordinarias, con asistencia del escribano que lo testifique, un registro general por el mes de febrero, y otro por el mes de octubre, en que se describan todas las yeguas, potros y potrancas, caballos domados y caballos padres, que en aquel pueblo hubiere, expresando quien son sus dueños, el pelo, las señales, edad y estatura, y diseñando tambien al márgen el sello del criador que los distingue, haciendo marcar con el de la provincia los que no lo estuvieren, todo con la debida distincion y claridad.* Se desentiende, Señor, la junta de lo dificultoso por no decir imposible, que es que las justicias y escribano hagan de oficio con exactitud este pormenor, cuyas utilidades no es fácil probar, y dar dos veces al año cuenta al consejo de unos registros tan minuciosos. Los criadores, no solo se incomodan, sino que pierden el trabajo de sus criados en los dias que se le antoja al corregidor ó alcalde traigan al pueblo del registro el ganado, que les es propio, desde dos leguas ó mas en que tienen sus alquerías ó sus casas. Es preciso, Señor, que sean muchos los criadores que se aburran con toda esta jerga de señas y contraseñas, que encaminándose al fomento del ganado caballar, no solo no lo logran, sino que se disminuyen aquellos por no sujetarse á lo que ven inútil, y dejan con mucha razon una grangería que no les da utilidad proporcionada, al mismo tiempo que les priva de su libre uso, y les sujeta á viages dispendiosos, y acaso al contrapunte con un escribano sutil, que está oteando los momentos de ganar á costa del criador á quien residencía. La junta fia con toda seguridad la prueba de estas verdades á los muchos casos prácticos, que puede recordar el supremo tribunal ante quien habla.

101. Otro solo caso cree justo la junta deber añadir en prueba del poco fruto, que debe esperarse de los demas artículos de las ordenanzas de caballería criadora. En otra parte la misma ordenanza de que se habla dice literalmente. *Que los caballos padres, que deben tener los ayuntamientos para el comun de las yeguas de los pueblos, se deben comprar del dinero de los propios, debiendo dar de todo cuenta al consejo.*

Ahora bien: supóngase que en el registro de febrero, se hallaron, ó muertos ó inutilizados, dos caballos padres, propios de un pueblo en que se hizo el registro por dicho mes, tiempo muy próximo á el en que debe empezarse la monta de las yeguas, porque debe notarse que las que han parido entran regularmente en calor á los nueve dias despues del parto, y en este mismo dia puede dárselas al caballo y dejar que las cubra, (*) porque en quedando llenas, cesa enteramente el calor, y ya son inútiles

(*) Véase á Bufon. hist. nat. tom. 7. pag. 149. Edicion de Madrid de 1793.

para el caballo por aquel año. El corregidor ó alcalde debe dar parte al consejo de la falta de aquellos caballos; el ayuntamiento es preciso que escriba á su agente en Madrid, y que este se presente al consejo mismo para que determine, y se tomen las precauciones necesarias á sacar el dinero de los propios, dando cuenta de esto al intendente de la provincia. Vencidas estas primeras dificultades que no piden poco tiempo, es absolutamente necesario que el ayuntamiento encuentre dos caballos padres á propósito, y aunque le supongamos con una actividad, que jamas se encuentra en las corporaciones subalternas, ha pasado ya precisamente la sazon de las yeguas, y ó quedarán estas vacías en aquel año, perdiendo el pueblo el fruto de las crias caballares, ó si los dueños de las yeguas creen que absolutamente les conviene que queden fecundas, se las darán al primer jaco que la casualidad les depare, porque lo que les importa es, tener un potro ó potranca para utilizar su venta, aunque sea en un precio ínfimo, porque siempre vale mas algo que nada.

102. Este raciocinio, Señor, no es de los de aquella clase que tratan de sostener un partido, ó una opinion con razones capciosas, presentadas con mas ó menos elocuencia. Es una verdad que fia su prueba á lo que el mismo consejo no puede dejar de conocer, y de lo que hacen siempre los hombres en el curso ordinario de sus determinaciones; y si la junta no se equivoca mucho, el caso propuesto prueba de un modo luminoso, que las ordenanzas conservadoras y protectoras de la cria del ganado caballar, se escribieron con muy buena intencion, pero con poco esmero en los pormenores que determinan.

103. Estas ordenanzas adolecen ademas del vicio comun y preciso de todos los métodos generales y uniformes para cualquiera objeto de la agricultura, ó de algun ramo de industria rural; porque no cuentan con la diferencia local de las provincias, punto esencialísimo, y cuyo abandono hizo siempre que la mayor parte de las leyes acinadas en nuestros códigos, y mal comentadas por los escritores geopónicos, sean cuando menos inútiles en la mayor parte. La legislacion económica dista infinitamente de la criminal, y las demas que clasifican su código completo. El labrador, el ganadero, el hombre del campo enfin no trata ni debe tratar de otra cosa que de llevar su industria hasta el sumo posible para las ganancias rurales; y las leyes agrarias no deben tener otro fin que la extension, la perfeccion y la utilidad del cultivo ó la ganadería. Aplicado este principio á la mejora y productos del ganado caballar, se vé que para lograr su objeto es preciso contar con la calidad y circunstancias locales de las provincias en que se establece, aunque con menos restricciones que para el puro cultivo.

104. Para lograr todo el fruto posible de la introduccion de las yeguas, deben estas tener de cuatro años cumplidos á cinco, y los caballos padres de cinco á siete, porque las primeras son fecundas por lo regular hasta los catorce ó quince años, siendo raras las que paran á los diez y ocho; y los caballos padres engendran hasta los veinte (*) por lo comun. Parece ocioso prevenir que los que vayan á hacer las compras al extrangero, han de unir á una probidad

(*) Bufon. hist. nat. tom. 7. pag. 165.

y desintéres no equívocos, mucha inteligencia en punto á sanidad y demas circunstancias.

105. En cada provincia se harán depósitos parciales en las principales ciudades ó pueblos de las yeguas ó caballos, cuidando de que sean en aquel punto céntrico de cada territorio, que facilite á los criadores el que puedan acudir con menos incomodidad en marchas dilatadas á comprar lo que necesiten de unas y otras por el método que se indicará en breve.

106. Muy otro debe ser en esto el método que se siga en la seca y poco regada Andalucía y Extremadura, y en las mas húmedas, pero tambien dilatadas labores de las Castillas, que en las cortas, pero mas productoras suertes de Valencia, Murcia, Guipuzcoa, y mucha parte de Asturias y Galicia. Es una verdad que ya conoció Columela, y que viene sancionada por la experiencia desde los tiempos de este sabio andaluz hasta nuestros dias, que los paises ardientes y secos prefieren las grandes labores para resarcir con la mayor porcion de granos la imposibilidad de reproducir en cada año las cosechas, como sucede en las propiedades de riego. De esta precision resulta que en las tierras primeras es preciso sean con mucho exceso pudientes los que labren grandes terrenos, porque ademas del dispendio necesario para estas labores, es inegable que son siempre malas y ruinosas, y solo un excedente considerable de terreno puede compensar aquellas desventajas, aprovechando las ganancias de un año abundante en que dan muchísimo, con aquellos en que son medianas y aun malas las cosechas que es harto frecuente. Pero estas reflexiones, que adelanta la junta, solo por la inmediata relacion

que tienen con la cria del ganado caballar, se dirigen solo á justificar su asercion de que es justo hacer diferencia en los repartos de las yeguas y caballos introducidos.

107. En Andalucía, Extremadura y las Castillas se ha de procurar que los acaudalados de grandes labores, y por consiguiente de muchos terrenos, tomen cuantas yeguas quieran, y los caballos padres proporcionados, porque tendrán donde mantenerlos, singularmente si la sabiduría del consejo promoviese la utilísima práctica de que se redujesen á propiedad particular los baldíos, que muchos creen equivocadamente contribuyen á la multiplicacion de los ganados. ¡Cuantas ventajas lograra el estado, y cuantas el importante ramo del aumento del ganado caballar, si se vendiesen á dinero ó á renta, ó si se repartiesen en enfitéusis ó en foro, ó si enfin se enagenasen en grandes ó en pequeñas porciones estos malhadados baldíos, con arreglo á los principios del cultivo que se acaban de establecer! En Andalucía por ejemplo podria empezarse vendiendo á censo reservativo á colonos pobres é industriosos suertes pequeñas proporcionadas al sustento de la familia compradora, bajo un rédito moderado, y con facultad de redimir el capital por partes para adquirir la propiedad. Los mas pudientes tendrán igual derecho á la compra de baldíos, pero bajo un rédito mas crecido, aunque siempre proporcionado en uno y otro caso, á que nunca por muy bajo no interesase á los pobres en el logro de la libertad de la suerte, ni por muy excesivo retrajese á los compradores de su adquisicion, por no hallar ventajas en los gastos de un nuevo cultivo, con respecto á lo gravoso del rédito muy crecido. En Castilla y Extremadura podria

hacerse lo mismo, y asi dentro de muy pocos años se verian habitaciones rurales esparcidas entre los grandes pueblos, y no se andarian como ahora cuatro ó mas leguas sin hallar otra habitacion, ni verla en todo el terreno que se descubre, que alguna venta, oprobio eterno del descuido de nuestra política rustica, y rezago lastimoso del tiempo de los Wisigodos, y de la lastimosa situacion en que estos fundaron la legislacion rural de los reyes de Asturias desde Alfonso el casto, y que se adoptaron despues para la corona de Leon por Alfonso el 5º, y llegaron hasta los tiempos de san Fernando, con pocas mejoras en lo sucesivo. No quiera Dios, Señor, que la junta pueda ni aun indirectamente proponer, que la nacion se haga mas ganadera que cultivadora; desea solo el aumento del ganado caballar, que como todo aquel que utilice á la labranza es preciso guarde una proporcion con ella, que la auxilie y no la perjudique. V. M., Señor, ha de tener á bien disculpar al zelo de la junta esta digresion, que se haria indisculpable si se dilatase. (*)

108. A los pelantrines ó pegujaleros es necesario no facilitarles mas yeguas, que las que puedan mantener comodamente segun su labor aun en Andalucía, Extremadura y las Castillas, porque la ambicion de muchos podrá elevarlos al extremo de abarcar mas de lo que sus fuerzas les permitiesen, y como mas adelante se verá que es

(*) Estas ideas estan tomadas de la ley agraria del inmortal D. Gaspar Melchor de Jovellanos, y el redactor aprovecha gustosísimo esta ocasion de recordar el mérito de este sabio español, cuya obra traducida en varias lenguas, testifica que Columela precedió á un sabio escritor geótico paisano suyo, y que algun dia debió mejorar las teorías, y serle muy superior en el modo de presentarlas.

conveniente fiarles este mismo ganado, seria contra el objeto que se propone malograr las madres y sus crias por falta de alimento y de precauciones. En este reparto se debe atender á los hacendados, que por la situacion local de sus tierras, tengan mas proporcion de formar prados artificiales con riego de pie; punto esencialísimo, porque poca cantidad de agua corriente dará siempre mas que la de noria, y mucho mas que los terrenos de secano.

109. Para metodizar este reparto se puede saber á punto fijo el número de yeguas que tiene cada criador por los registros, que tienen los ayuntamientos en el dia, y con arreglo á este dato facilitar á cada uno el número que solicite, siempre bajo el concepto de que en este ramo de industria rural sucede lo que en todos los de su clase, y lo que se verifica precisamente en los repartimientos para las labores, que asignados á personas pobres las imposibilitan de hacer en ellas mejoras y establecimientos útiles; y de este modo, en vez de favorecer el cultivo, y con él la poblacion, solo dan una apariencia de adelanto en la agricultura, que solo seria efectivo por medio de las ventas á gentes acomodadas, que como tales emplearian los fondos necesarios para la labranza precisa y sus adelantos; y como los baldíos en Andalucía sobre todo son inmensos, habia para estas ventas á los ricos á dinero contante, y las suertes pequeñas á los menos acomodados á plazo cierto, bajo buenas fianzas, y las que ni aun asi pudieran venderse, se podrian adjudicar á censo reservativo, con cuyo método acrecerán mucho los pastos para el aumento del ganado caballar: por manera que aunque aparece una paradoja asegurar, que la enagenacion de las mismas dehesas de po-

tros y demas de usos comunes por el método propuesto, darian mas pastos en brevísimo tiempo, es una verdad como de bulto, si se reflexiona cuanto aumenta el cultivo en todos sentidos el propietario con metálico que libra la subsistencia de su familia, el renombre mismo de la posteridad, y el placer de aumentar sus bienes en el uso oportuno de las facultades con que se halla. Está la junta tan persuadida de las ventajas de este metodo para el aumento que desea, que repite sus ideas, no para instruccion de V. M., que no la necesita, sino para desahogar los impulsos de su corazon.

110. En las provincias, cuya agricultura está dividida en pequeñas porciones por lo general, como Vizcaya, Asturias, Galicia y Aragon, es preciso acomodar el reparto á esta circunstancia local; y como el riego en estas provincias es constante, aunque menos en Aragon y cada hacienda ó parte de ella está cerrada, ya con tapias, ya con setos vivos, ó ya con piedra seca segun las facultades del poseedor, es absolutamente necesario que al que quebrantase estos cercados, sea del modo que fuese, se le impongan irremisiblemente la pena de las leyes del tit. 3º lib. 8º del fuero juzgo, y señaladamente la 7, que castiga con el cuatro tanto al que quebrantase el cercado ageno, si en la heredad no hubiese fruto pendiente, y si le hubiese con la pena de un tremes (tercera parte de un sueldo) por cada estaca que quebrantase, y ademas en el resarcimiento del daño. Ademas se ha de prohibir en Asturias y Galicia el criar mulas con los pingües y frescos pastos de sus prados, para llevar las lechuzas á las ferias de Leon, y que de allí pasen á embarnecerse á la Mancha, y venderlas despues á los pudientes cortesanos. Pe-

ro no faltan en Galicia y Asturias mismas hacendados pudientes, que puedan mantener razonables piaras de yeguas, que produzcan igual ó mayor número de caballos que los que hemos visto criaron antiguamente; pero como aqui no hay registro de yeguas, será preciso que por concejos se sepa lo conveniente en este punto, ahorrando toda diligencia judicial que no sea absolutamente necesaria, y fiando al dicho de los hombres buenos la mayor parte de la averiguacion. La pena señalada para el que quebrante los cercados de que va hecha mencion, ha de ser comun en Andalucía, y todos los demas reinos y provincias de la península, para los que se introduzcan y dañen en cualquiera propiedad esté ó no cerrada, debiéndose celar particularmente este punto, para que la franquicia y libertad racionales, que se conceden á los criadores del ganado caballar, no degeneren en un abuso muy perjudicial, porque los hombres en general, singularmente los menos civilizados del campo, equivocan muchas veces la consideracion que se tiene con ellos, creyéndose autorizados á una licencia absoluta, á la sombra de lo que solo es una deferencia parcial y equitativa. Las ventajas y adelantos de un ramo cualquiera de industria rural será un perjuicio gravísimo para la agricultura, si no se cuida de que aquel no dañe al todo de la labranza y ganadería. Las denuncias de esta clase han de sujetarse á la justicia territorial, porque salen ya de la esfera del aumento y cria de caballos, y pasan á ser un perjuicio de tercero que la ley debe castigar.

111. Acaso en las provincias septentrionales se hallará alguna oposicion á este nuevo género de economía política, que ha hecho ya enteramente desconocido el transcurso de

los años; pero siempre se encontrarán algunos propietarios pudientes, y aun algunos medianos, que á la menor insinuacion de su Rey darán ejemplo á los demas, y muy luego sus ganancias con el ganado caballar, despertarán la codicia de los remisos que se apresurarán al aumento de sus ganados con las yeguas, y les darán mas fruto acaso que todos los que ahora cuidan y mantienen; pero á el que no quiera en el momento admitir este nuevo ramo rural, no se le obligará de modo alguno en ninguna provincia. Los reyes, Señor, tienen todos, y el nuestro mas que ningun otro por las circunstancias en que dejó y volvió á su trono, las ventajas de la virtud, unida á la desgracia: Una sola mirada suya, una sola expresion, en que sin descender del dominio se entrevea la dulzura y se asome solo la persuasion, recaba cuanto quiere, y logra en la obediencia aquella ventaja inapreciable de librar el que obedece en su sumision voluntaria, no solo el exacto desempeño de su contrato, sino el aumento del amor mismo á quien manda al corazon, sin el aparato sombrío siempre de las leyes. Esta máxima parecerá trivial, se creerá inoportuna, no importa, Señor; se dirige al primer tribunal militar de la nacion por unos militares, que conocen á fondo que acaso jamas se vió monarca alguno en un estado que mas recomiende su aplicacion, y ninguno tampoco que mas ventajas pueda prometerse de aquel ascendente, que le dió ya la dulzura pública de su carácter, y aquel acercarse á sus vasallos sin el aparato, es verdad de la brillantez del trono, pero en medio de la confianza y el amor, que dejando al respeto cuanto suyo es, ofrecen á su bien amado aquella risueña efusion de los corazones infinitamente mas poderosa y mas eficaz que todos los atributos del poder, y todas las ostentosas privaciones de aquel eterno valladar, que hasta el dia separó á el Señor de sus vasallos, y al padre de sus hijos. Quiera el cielo que se cumplan los votos de la junta, que vuelve á su principal asunto.

112. Anticipadas las prevenciones para el reparto primero de yeguas y caballos, va á entrar la junta en los pormenores de verificarle; pero antes cree preciso aclarar un punto, que ciertamente arredraria á quien no estuviese tan persuadido, como lo está la junta, de que el tribunal supremo á quien habla, no tiene otro objeto en cuanto hace, en cuanto piensa, en cuanto consulta á S. M., y aun en cuanto pregunta á los cuerpos y á los particulares, que el bien público y el mejor servicio de su Rey. Desconoce altamente el apego que suele haber en las corporaciones á sus facultades exclusivas, á la esfera interminable de ramos y comisiones que suelen aglomerarse en un círculo, que aunque extenso por los conocimientos y probidad de los que le determinan, jamas puede serlo bastante, cuando las circunstancias dan al radio ramificaciones mas y mas dilatadas, que piden mas bien el impulso certero de una mano sola, que las combinaciones de muchos ocupados esencialmente en otros puntos aun de mayor interes. La junta, Señor, desconoce felizmente esas fórmulas degradantes de la adulacion baja y mercenaria. ¡Ni como podria emplearla sin irritar á V. M. mismo, cuando la dirigiese á su respetable cuerpo! Quiere pues ahorrar á V. M. la lectura fastidiosa de unos elogios vagos, y acaso mas bochornosos para aquel á quien se dirigen, que para el mismo que los prodiga. Los trabajos del supremo consejo de la guerra desde su

establecimiento son harto conocidos del público ilustrado, y quizas jamas tuvo tantos motivos, y tanta oportunidad de hacer bien como en las presentes circunstancias. Dedique pues sus luces, sus conocimientos de las leyes, del corazon humano, y de las necesidades que abruman á la nacion, á la mejora y despacho de los asuntos contenciosos, á la sabiduría que reclaman las consultas de un Rey bueno esencialmente y digno de que la santa verdad llegue á sus oidos con aquella respetuosa brillantez, que descubre la herida é indica su remedio; llene todas las obligaciones de su vasta esfera, como sabe y puede hacerlo; y espere la digna recompensa de un monarca justo y de la respetable opinion pública. De esta opinion, que superior á todos los poderes, á todas las arterías mas sostenidas, corona los trabajos del bueno, y llena todas las medidas de la honrosa ambicion, cuando no dirigen las decisiones de aquella, ni el espíritu de partido, ni las vaciedades del necio, ni los sarcasmos del presumido.

213. Propone pues la junta á V. M., que se desprenda de la direccion y conocimiento privativo del ramo de caballería, que antes estuvo adicto al supremo consejo de Castilla, y luego se refundió en el supremo de la guerra, sin que ni en una ni en otra época hayan correspondido los resultados, ni á los deseos del consejo, ni á sus leyes multiplicadas sobre el aumento y mejora del ganado caballar. Este paso cree la junta, que podrá procurar el bien, y al mismo tiempo honrará al tribunal supremo que debe darle; porque de sus manos pasará á las del serenísimo señor infante D. Carlos, generalísimo ya de los reales ejércitos, la direccion y cuidado del aumento y mejora de los caballos en España.

114. En efecto, Señor, si V. M. tiene á bien recordar las vicisitudes, que ha sufrido este importante ramo: ya á cargo del consejo de Castilla, como va dicho en tiempo del señor D. Felipe 4º: ya en la junta que le sucedió, y que deshizo el señor D. Carlos 2º, volviendo su intervencion al mismo consejo: ya en el nuevo órden, que en otra junta estableció el señor D. Felipe 5º: ya en la agregacion del mismo negocio á la secretaría del despacho universal de la guerra por el año 1746: y ya finalmente volviendo al mismo consejo de la guerra el conocimiento de esta materia. Si V. M., repite la junta, quiere recordar esta vacilacion de medios para el logro del aumento y mejora de la cria de caballos, no podrá menos de convenir, en que hasta aqui no se acertó con el verdadero camino de asegurar á la nacion un bien que tanto se le ha procurado. Es pues necesario variar el método, y concretar, digamoslo asi, mas y mas este punto, fiándole á una sola mano, con poder *omnimodo*, y con solos aquellos auxilios que sean absolutamente precisos para comunicar ordenes sencillas y evitar en todo las fórmulas legales, que perjudican inmensamente en todos aquellos negocios, que piden pronta ejecucion combinada con el interes individual, que si ha de prosperar necesita libertad racional y poquísimas reglas.

115. Supuestas estas verdades, la junta cree que el serenísimo señor infante D. Carlos reune todo aquel conjunto de circunstancias que prometen la mejora deseada. Nombrado por S. M. protector especial de la cria de caballos en España, solo S. A. entenderá exclusivamente en este ramo, y para que á sus ordenes puedan recibir la correspondencia de las provincias, nombrará dos generales ó cualquie-

ra otro oficial desde la clase de coronel, que estableciéndose en Madrid, sirva, el uno como sub-inspector de la cria de caballos, y desempeñe el otro las funciones de secretario á la inmediacion ambos de S. A. S.

116. Los capitanes generales de las provincias, que deben tener conocimiento, ó pueden adquirirle por los informes que tomen de los sujetos, que en cada pueblo principal puedan ser comisionados para la mejora del ganado caballar, avisarán á S. A. S. el señor infante D. Carlos, de quienes son, y el lugar de su residencia.

117. Estos comisionados se entenderán en derechura con el sub-inspector, de que va hecha mencion en el parrafo 115, y luego se detallarán sus funciones.

118. Como no es costumbre en las naciones extrangeras por lo comun marcar sus yeguas y caballos padres, como se practica en España, se podrá verificar con la marca que determine S. M. luego que se compre, y de este modo los venderán ya cuando se introduzcan en el reino.

119. Repartidas ya las yeguas y caballos padres por provincias, como queda dicho, y á cargo del comisionado en cada pueblo, segun las ordenes é instrucciones que S. A. diese, se debe tratar de hacer el reparto entre los pudientes, los que no lo sean tanto, y aun aquellos pegujaleros, que quieran adquirir una ó dos yeguas segun sus facultades, de un modo que sea el menos gravoso á los concurrentes.

120. Con anticipacion de quince dias se hará saber á todos los lugares de cada partido el dia en que se ha de hacer el reparto en la capital, previniendo que cada uno de los aspirantes dirija una esquela al comisionado, en que

diga unicamente: F. de F. solicita un caballo para padre y tantas yeguas, fecha y firma del interesado, ó de quien lo haga por él no sabiendo escribir. El comisionado cotejará las fechas de estas esquelas, y por su data eligirán con preferencia el caballo ó caballos, y yeguas que pidiese el que la firmó.

121. Para esta primera entrega se hallará presente el escribano del cabildo, que presenciará la presentacion, que ha de hacerse á cada comprador de los caballos y yeguas, que podrán reconocer ó hacer reconocer en punto á sanidad por quien quisiere. Hecha la eleccion, se asentará en un libro, que debe llamarse de *registros del ganado caballar*, la yegua ó caballo vendido, su edad y precio que ha de ser el de costo y costas, con un módico excedente que nunca pueda pasar de 300 reales, y en el mismo acto se manifestará al comprador la factura del primer precio y demas costos hasta el momento que se le entrega; dándole tambien en una sola cuartilla de papel las señas y precio del caballo ó yegua, y extendido el recibo de la entrega del precio, si el comprador le exhibiese de contado. Al que no pudiese pagar en el momento, se le exigirá una obligacion hipotecada, si ser pudiese, de dar en cada año la sexta parte del valor de caballos y yeguas, enterando á los compradores en ambos casos de que desde aquel momento queda por suyo el ganado que compren, y que muérase ó no, responden de reintegrar su importe. Si la hipoteca no tuviese lugar, bastará una fianza de sugeto conocido, y con la condicion expresa, de que el pago en su caso ha de ser por el medio ejecutivo, puesto que por evitar gastos y dilaciones se libertan á estas diligencias de los cos-

tos y aparato judicial, bastando solo que el escribano autorice la legitimidad de lo actuado, pero de oficio como antes se hacia en este ramo: si el comprador al ver la factura y demas gastos no quisiese tomar el caballo ó yegua por parecerle caro, pierde el derecho de elegir otro, mientras haya esquelas de pretendientes, y duplicará otra para escoger en la primera vacante; y el comisionado tendrá numeradas estas esquelas por su mano, clasificándolas 1ª 2ª 3ª &c.

122. Á esto deben reducirse todas las diligencias del reparto de caballos y yeguas, y luego que cada uno reciba los que compró, debe contarlos como suyos, con sola la obligacion, si es caballo padre de echarlo á sus yeguas, ó á las agenas, y haciendo ademas de él el uso que quisiese como absoluto dueño, sin que el corregidor, alcalde ni otro alguno, que no sea el comisionado, pueda intervenir en este negocio; y solo en el caso, que seguramente es remotísimo, de saber á ciencia fija, que el criador trata de inutilizar el caballo padre, avisará al sub-inspector con citacion de hechos positivos para que llegue á noticia de S. M.

123. Ha de ser libre á todo criador el vender sus potros del modo que quiera y á quien guste; pero se le ha de hacer saber, que si dan sus yeguas al garañon ó sus caballos á la burra, por solo este hecho, que se probará sumariamente, perderán las yeguas y caballos, y ademas se les impondrá la multa que parezca arreglada segun las circunstancias. Donde se permite el garañon, se arreglará esta providencia á las reglas, que hubiese en el particular y lo mismo en el uso del caballo y la burra.

124. El comisionado en cada provincia debe considerarse como un celador honrado, que vigile las mejoras que el gobierno se propone, sin hostigar ni aun proponer medios á los criadores que contrarien sus especulaciones ó coarten sus facultades. Para esto y el cuidado de las yegüerizas, balsas ó estanques, casas rurales, arbolados, fomento de prados artificiales y demas que va hecha mencion en este informe, tomará los que juzgue á propósito de personas sanas y no interesadas; y aunque no es presumible que miembro alguno de justicia quiera oponerse, ni directa, ni indirectamente á las miras del gobierno, el comisionado avisará al sub-inspector, si algo notase contrario á esta justa persuacion; pero con datos positivos que no dejen desairada la noticia, cuando se realice la averiguacion.

125. Ninguna denuncia, acusacion ó demanda de cualquiera clase, ó en cualquier modo que se entable, podrá admitirse por justicia alguna militar ni ordinaria, en lo que concierna á la cria y aumento del ganado caballar. El que tuviere queja fundada sobre estos puntos precisamente la expondrá por via de informe al comisionado, que procurará reconciliar á las partes con los medios que le sugiera su prudencia, y segun las circunstancias del asunto; y si no se acordasen, dará parte al sub-inspector para que S. A. S. determine; y si el asunto fuese grave, el comisionado dará parte al juez del territorio para que interinamente resuelva lo conveniente, dando inmediatamente aviso al sub-inspector para el superior conocimiento de su gefe inmediato. Proteccion y prudente disimulo es lo que necesita este ramo en las presentes circunstancias.

126. Para los casos árduos que pueden ocurrir, se dig-

nará el serenísimo señor infante D. Cárlos nombrar un asesor letrado, que puede ser ó alguno de los cuerpos de la casa real, ó el que merezca la confianza de S. A.; pero debe evitarse, en cuanto sea posible, toda diligencia judicial; y para los comisionados subalternos en las provincias ha de ser la regla principal la de la verdad sabida y buena fé guardada. Una consecuencia de este método es la abolicion de todas las reglas minuciosas de los anteriores reglamentos. Debe acabar la práctica de cortar las orejas á las yeguas, la de las revistas concejales de los caballos padres, precision de sus dueños de presentarlos en tiempos determinados; pero sin que por esto no esten sujetos á todo lo que les prevenga el comisionado, que podrá examinar lo que crea conveniente, procurando siempre evitar gastos y multiplicar diligencias. Como ha de ser pudiente y ha de admitir voluntariamente el honroso y benéfico encargo que se le confia, no puede dudarse que bien penetrado del espíritu de estas providencias, sabrá hermanar las utilidades de la libertad en que se deja á los criadores, con el cuidado y vigilancia necesarios para que no abusen los menos considerados de esta misma libertad en perjuicio de la causa comun y de sus propios intereses.

127. Como puede necesitarse alguna vez en el principio del establecimiento, que del caudal de propios se compren caballos padres, el comisionado en este caso solo debe celar que estos sean de las calidades necesarias; pero el cobro del caballage de los que lleven sus yeguas á estos caballos, correrá por el ayuntamiento, que sin embargo en ninguna otra cosa debe intervenir, y muy luego se verá que el interes de los propietarios, y el libre uso de sus recur-

sos, aumentará el ganado caballar con igual rapidez que sucedió en Buenos-Aires, que debe el casi increible número de sus caballos y yeguas á la precision en que se vió D. Pedro de Mendoza, que por el año de 1535 fundó la ciudad de Buenos-Aires, de abandonar aquel establecimiento, dejando, por no poderlas embarcar, en el campo cinco yeguas y siete caballos llevados de Andalucía. (*) Pastos y libertad absoluta han dado y darán siempre muchos caballos silvestres. Pastos, libertad y medios de hacer valer el interes personal los darán igualmente en estado de sociedad.

128. El método de dejar al cuidado de una sola persona con pocas ramificaciones el importante ramo del aumento y proteccion del ganado caballar, no es nuevo en Europa, que antes bien en toda ella se sigue este camino, como el que segun la experiencia lleva mas derechamente al fin propuesto. La junta se abstiene de citar las gazetas y órdenes particulares, que ha tenido á la vista en comprobacion de esta verdad; pero no debe omitir que en ninguna parte ve comisionado al efecto un sugeto de las respetables circunstancias que el que desea en España.

129. El estado en que se halla pide esencialmente que sea una persona de la esfera, poder y amor adquirido de los españoles, la que una á su autoridad á aquella no ya presuncion, sino evidencia de que ha de tomar en este negocio todo aquel interes que él pide, y que tanto importa al poder y bienes esenciales del augusto Monarca hermano de su promotor.

(*) Apuntaciones para la hist. nat. de los cuadrúpedos del Paraguay, por D. Felix de Azara, tom. 2.º pag. 202 y 209.

130. Si los tribunales colegiados pudiesen tener toda aquella fuerza colectiva, que igualase á el poder de la individualidad en lo que es ejecutivo, la junta, Señor, no buscaria otro que el respetable tribunal á quien habla, pero él sabe bien que esto no es posible. Derivada la autoridad del serenísimo señor infante D. Carlos, del augusto protector universal de la cria y aumento que se desea, que debe serlo S. M. el señor D. Fernando vii, la ejecucion será pronta, los medios tendrán aquella unidad del poder que los determina, serán pues sencillos, serán eficaces sobre manera, y la obediencia del vasallo mirará en el precepto inmediato de su Soberano una obligacion mas determinada para obedecer sin réplicas ni recursos. Si fuese dado á todos los tribunales poder por sí mismos dar impulso á las justas providencias, y aun á la misma aplicacion de las leyes que sabiamente determinan; ¡cuantas lágrimas, Señor, se ahorrarian á la humanidad, cuantos perjuicios se evitarian á todas las clases del estado, que ahora hormiguean por todas partes contra el deseo, contra la decidida voluntad de aquellos que tienen que valerse de manos subalternas, y de recursos que pierden la fuerza del resorte, y la regularidad misma de su primer impulso, en los tramites precisos sí, pero pocas veces desempeñados con la pureza que desean los ministros de paz y de justicia!

131. Es esencialísimo particularmente en los principios del método, que propone la junta para el aumento y mejora del ganado caballar, el que recorra por sí mismo las provincias, ó el principal agente de este ramo, ó un subdelegado ó subdelegados suyos, con facultades *omnimodas* para todos aquellos casos de no grave entidad, que puedan

ocurrir en su visita. Si fuese posible que el serenísimo señor infante D. Carlos la verificase por sí, á lo menos la primera vez, podria como asegurarse sin el menor riesgo de equivocacion, que el aumento deseado estaba realmente conseguido; pero como la junta prevé los muchos inconvenientes que esto tiene, desearia solo que el sub-inspector verificase este reconocimiento por provincias desde 15 de abril hasta que la concluyese. Y como no bastaria tal vez este solo comisionado, podria S. A. con aprobacion de S. M. nombrar uno segundo en comision con el fin de que repartiesen entre sí, el primero las provincias meridionales, y el segundo las septentrionales, debiendo al fin de su revista venir á dar personalmente parte á S. A. S. de cuanto hubiesen observado en el desempeño de su comision. Seria tambien útil que estos dos comisionados, que juzga la junta deben ser generales, tuviesen los bienes necesarios para hacer el viage á su costa, contentándose con el honor de hacer el bien, y con la felicidad de merecer la eleccion; porque es preciso, Señor, convenir en que si no se hallan juntas las calidades de aptitud y riqueza, debe preferirse la primera, aun cuando tenga que suplir el real erario los gastos de comision. La máxima acaso muy poco conocida de que se ha de buscar sugeto para el empleo, y no empleo para el sugeto, es la que puede bien entendida hacer la felicidad de las naciones. Interin el empleado no pueda hacer por sí lo que pide su comision; interin sea el secretario, el adjunto, el acompañado, el árbitro porque es el que sabe, los resultados serán siempre los que por desgracia lloramos con lágrimas estériles. La junta sabe que hay ciertos negociados en los que puede tener excepciones esta regla, pero son pocos, y en aquellos de la clase en que ha querido ser informado el consejo de la guerra, no hay medio, son necesarias en los comisionados inteligencia, buena fe, prudencia y teson.

132. La junta, Señor, está muy lejos de determinar leyes, ni aun de bosquejar preceptos, ni para el serenísimo señor infante D. Carlos, ni para el supremo tribunal ante quien habla. Si en la exposicion de sus ideas pareciese tal vez que se vale de aquel tono afirmativo y de aquel lenguage determinado, que compete solo á las autoridades constituidas; no es, Señor, otra cosa este lenguage mismo, que la manifestacion del interior convencimiento de las nociones que proponen. Podrán no ser exactas sus ideas, podrá equivocarse su concepto, pero anuncia solo la verdad que ve, y la verdad debe gozar el privilegio de hablar con respeto, es cierto, pero con la energía de la razon, y con la confianza que aquella sabe inspirar. El primer tribunal militar de la nacion no puede querer en los militares, que tengan el honor de informarle, aquel estilo esencialmente humilde, que trata de amoldar sus expresiones en la turquesa de la timidez, á expensas de la claridad ó de la exposicion menos determinada. Propone solo, Señor, y propone con la protesta de que está bien persuadida, á que el supremo tribunal de la guerra disimulará sus equivocaciones, y substituirá á sus ideas equivocadas los verdaderos preceptos, que unan á la sabiduría que los dicta el medio mas sencillo de verificarlos.

133. Los privilegios y excepciones, que S. M. ha concedido siempre á los criadores de yeguas, pueden contribuir á los fines que ahora nuevamente se proponen, y V. M.

si continua en este encargo, ú el serenísimo señor infante D. Carlos, si le substituye, pueden determinar la innovacion, que segun las circunstancias sea preciso hacer en este punto, ó bien que continuen en los términos que hasta aqui estuvieron; pero el principal resorte para la cria de caballos es estimular, proteger y dar cuanta libertad sea posible al interes individual del criador, procurando que desaparezcan las mulas destructoras en aquella prudente razon, que aconseja todo método que no es exclusivo, cuando circunstancias imperiosas no mandan que deba serlo.

134. Por esto le parece á la junta que aquellos caballos de menor talla, aunque no absolutamente inútiles en su formacion y sanidad, pueden permitirse para que se den á la burra, y asi se tendrán las mulas romas ó de menor talla, que son las suficientes para la arriería, y aun el arado en las tierras que van citadas, singularmente en los reinos de Murcia y Valencia. Podrá tambien por la misma razon permitirse que se den al garañon yeguas de baja talla, y en una palabra las que no sean útiles para la cria del ganado caballar; y á buen seguro que los pudientes manchegos desistirán con solo esta providencia del empeño con que crian mulas de grande talla, perjudicando á la cria del ganado caballar, á la agricultura en general, y por consiguiente á la riqueza esencial de la nacion. Destrúyase desde luego el abuso intolerable de vender yeguas de las de mejor calidad á los compradores manchegos; pierdan estos por solo la contrata verificada las yeguas y el dinero en que las compraron; y si esta medida pareciese rigurosa y contra los mismos principios que hasta aqui ha establecido la junta, ella suplica al tribunal supremo se digne cal-

cular los daños todos que sufre la nacion, parangonándolos despues con el bien individual de los criadores manchegos, que solo sufrirán en dos ó tres años; pero si como pueden se dedican á la cria de caballos, resarcirán con muchos aumentos sus primeros desembolsos, y tendrán la satisfaccion, que es grande para el hombre bueno, de contribuir al bien de su patria, y de coadjuvar á las justas intenciones de su Rey.

135. Para que en la provincia de la Mancha se asegure tambien cuanto ser pueda el fin propuesto, deberán los comisionados en ella dar una noticia de los criadores de mulas que hubiese, del número de yeguas y garañones que tengan, puestos en que los abrevan y calidad de los terrenos para regadío ó secano; pero en los dos años en que se habló en el primer informe á V. M., ó en el que se determinase, no interrumpirán de modo alguno el uso del garañon con las yeguas existentes, solo en la tercera parte de las yeguas; pero debe llevarse á efecto la prohibicion de que compren otras, ni aumenten los garañones desde el dia en que se publique el nuevo reglamento, permitiéndoles si quisiesen la cria con yeguas inferiores, ó con caballos de la misma clase. Aunque se señalaron dos años en el primer informe para deshacerse de las mulas los que se sirven de ellas y los criadores, meditando la junta sobre este punto, halla que este tiempo es muy corto, y piensa debe extenderse hasta cuatro años y aun mas, si lo creyese oportuno el supremo consejo, y bajo este dato ha de entenderse cuanto va dicho y se diga aun para la prudente minoracion del ganado mular.

136. A estos criadores manchegos de mulas se les pre-

guntará por el comisionado, si quieren cambiar esta grangería para establecer en sus tierras la del ganado caballar; y si como no puede dudarse de unos vasallos, que tantos servicios han hecho en la última guerra por la buena causa, que han de querer segundar las intenciones de su Rey muy amado, se les facilitarán entonces los caballos padres y yeguas que pidieren, fiando á la honradez de su palabra el buen uso de este medio equitativo con que se fomenta su interes. El español, Señor, á quien se busca por el camino del honor, se le halla siempre, como no esté viciado hasta el extremo de no merecer este nombre. Dígnese S. M. hacer que se oiga su voz en la Mancha, y en la Mancha substituirán hermosos caballos á las mulas, que hicieron bien hasta aqui en mantener sus dueños, puesto que no se les ha prohibido y les daban un producto, que el gobierno mismo facilitaba con la compra de unos mónstruos de que ya quiere deshacerse.

137. Cuantos medios van propuestos, le parece á la junta, son realmente útiles, pero aun halla otro que abrazará el resultado de todos de un modo muy decisivo. Habla, Señor, de la formacion parcial de una cartilla rústica, que trate exclusivamente de la direccion de las yeguadas, y de los medios mas análogos á cada terreno de criar potros con la posible seguridad de su buen resultado. Hasta aqui solo se han establecido principios generales, porque son los únicos que tienen lugar en un informe razonado, y aun teme la junta haberse extendido con sobrada pesadez en muchos de los puntos que ha tratado. Los pormenores de este negocio exigen el método, la claridad, y la explicacion, que estando al alcance de todos proporcionen una instruccion con-

veniente, pero enteramente agena de este informe. La junta no conoce obras en castellano que puedan llenar este objeto; y aunque sabe que hay algunas traducciones como la del Bufon, Rozier y otras que pueden subministrar muchas luces, todavía cree es preciso recurrir á algunas obras elementales inglesas, francesas y aun alemanas, que han profundizado de propósito esta materia, y darán á una mano certera todos los medios de formar esta cartilla rústica con relacion al temperamento y demas calidades físicas de nuestras provincias, para que los criadores del ganado caballar desde el rústico al erudito hallen medios de que sus ganancias crezcan, mejorándose sus castas. Pero estas cartillas son obra de una mano sola.

138. Este es un punto que inmediatamente se debe realizar, si se adoptase en parte ó en todo el plan, que la junta propone á V. M. Búsquese y se hallará sugeto que sea capaz de desempeñarle. Excítese su zelo, y premíese su trabajo del modo que lo indiquen las circunstancias del comisionado. La gloria de servir á su patria y á su Rey puede sin duda mucho en el hombre de bien; pero el hombre de bien es hombre, y tiene cuando menos derecho al agradecimiento público del gobierno, si acertó á desempeñar la obligacion que le impuso. La junta, Señor, cree haber llenado los extremos del tercer punto, y en consecuencia pasa á tratar del

CUARTO PUNTO.

Medios indirectos de fomentar este ramo y destruir prudentemente el número y calidad del ganado mular.

139. La junta, Señor, acaba de establecer algunas reglas positivas para la mejora de la cria de caballos en varios parrafos de los que escribió. Trata ahora de otros medios indirectos, pero en su opinion aun mas eficaces. Para ser consecuente en sus principios, y no desviarse en este informe de aquel método analítico, que ha procurado conservar en él, le ha de permitir V. M. que copie aqui los parrafos de su primer informe, que tratan de estos medios mismos. Dicen pues asi desde el parrafo 50 hasta el 55 inclusive.

140. *El Rey nuestro señor, su Real Familia, y aun aquellos coches, que por servidumbre y privilegio se permiten á ciertos empleos é individuos de palacio, se han de servir precisamente de caballos en todos los coches, y en todas las ocasiones, pudiendo permitirse el uso de cuatro caballos á todos aquellos que quieran mantenerlos, y tienen solo el privilegio de usar de real librea.*

Todo el que no siendo de la casa real quiera usar de mulas, se le permitirá solo por cuatro años, que es el tiempo que se juzga preciso para poder deshacerse sin grave perjuicio de las mulas ya compradas, pero solo han de llevar un par en cada coche; y por contribucion módica deberán pagar en cada mes diez reales por mula, de las que segun la noticia que los mismos dueños presentan á los alcaldes de barrio mantuviesen en sus caballerizas.

Todo el particular que usase de caballos en sus coches, no pagará contribucion alguna, tenga el número que tuviese, y podrá servirse de cuatro para sus coches de rua aun dentro de Madrid.

Cuando en calle, paso estrecho ú otras dificultades, que pueda ofrecer el tráfico comun de la vida civil, ocurriese algun incidente en que tenga que ceder uno de los dos coches, cederá siempre el que lleve mulas, y por esta regla se han de juzgar los empeños que suele producir la vanidad de los amos, ó la terquedad de sus criados muchas veces.

Por regla general en toda concurrencia, en que por razon de esperar á sus amos deban permanecer los coches en parage determinado, han de ser preferidos los que lleven caballos á los que lleven mulas, tanto en su establecimiento á la sombra en tiempo de soles, como en el que esten á cubierto en los de lluvias.

Los coches de camino que llevasen caballos en su tiro, pagarán un real menos por cada uno en los portazgos establecidos, y seguirán las mismas reglas de preferencia en su mansion en las posadas y en la eleccion de cuadras, si llegasen á un tiempo.

141. A estas primeras reglas, que no permitió extender la precipitacion con que se dió el primer informe, cree la junta pueden añadirse las siguientes.

En todo servicio público, como limpieza de calles, riego de paseos, servicio de jardines reales, ó en aquellos en que tenga intervencion cualquiera cuerpo municipal, ó cualquiera corporacion civil, se han de emplear precisamente caballos en vez de las mulas ó machos de que ahora se usa; y como aqui no hay la consideracion que puede y debe tenerse en los principios con el interes privado de un particular, y antes bien se hacen los gastos de los fondos públicos, debe desde luego comunicarse la órden á los corregidores ó ayuntamientos, para que en el preciso término de cuatro meses desde recibida aquella, sean caballos y no mulas ó machos los que se empleen en este ministerio; y si en algunas partes se hiciese por contrata este servicio, ha de ser precisa condicion de ella el uso de caballos con absoluta exclusion del ganado mular. Todas las postas se han de servir con caballos, dando el ejemplo las de los sitios reales.

Como en muchas partes, y singularmente en Madrid, cierta clase de comerciantes acomodados por una costumbre envejecida, y por un mal gusto muy arraigado, se sirven todos para su recreo en los dias festivos de mulas ó machos de no poco valor, de que hacen ostentacion pública; á estos á quienes no precisa, ni la mayor fuerza que se supone en el tiro, ni otras consideraciones, que aunque equivocadas, tienen la disculpa del ejemplo y la preocupacion, se les impondrá por cada mula ó macho la contribucion mensual de un peso duro, bajo las mismas reglas de ser ellos los que indiquen al alcalde de barrio las bestias mulares con que se hallen; bien entendido que esto ha de ser solo por los cuatro años, ó el tiempo que se señale para la tolerancia de usar mulas en los coches; pues pasado este tiempo se han de montar precisamente en caballos capones, ó enteros, ó yeguas, si quieren pasearse como hasta aqui.

Los calesines de todo el reino, y singularmente los de Madrid deben pagar cuatro reales al mes por cada mula ó macho de que se sirvan, y nada los que lleven caballo, con la misma preferencia para los casos y circunstancias que se determinaron á los coches.

Como las menores cosas suelen tener una influencia, que solo ven los genios reflexivos en los grandes sucesos, y particularmente en las innovaciones de cierta clase, le parece á la junta que en las funciones de toros tan del gusto exclusivo de la nacion, no deben sacarse los muertos, sino por medio de caballos; y el pueblo que en todo el mundo obra comunmente por imitacion, y no ve mas que los objetos físicos, acaso verá en esta pequeñez, si no la utilidad de la providencia, á lo menos la mayor agilidad y gallardía de tres caballos con respecto á tres mulas de iguales circunstancias.

Todas las órdenes religiosas, inclusas las monacales particularmente, que tantas pruebas han debido á S. M. de su religiosa consideracion, no pueden dejar de querer segundar las soberanas intenciones; y asi se les prevendrá que desde luego se sirvan de caballos capones para los usos á que ahora destinan sus grandes mulas, bajo las mismas condiciones ya establecidas.

Á las tahonas se las ha de incluir respecto al uso de las bestias de que se sirvan en las reglas establecidas, de usar solo caballos con tanta mas razon, cuanto para el uso que hacen de sus caballerías, se sirven siempre de las que ya no estan para otro trabajo, y cualquiera caballo puede serles útil, y les costará menos, pero nada pagarán.

En las almazaras ó molinos de aceite tampoco se permitirán mulas ó machos, bajo las reglas determinadas, y como en Andalucía es donde hay mas número de estos artefactos, y es tambien donde se hallan mas caballos en el dia, será muy fácil seguir el nuevo método, si la persuacion de las justicias, y los pudientes quieren tomar parte en este asunto, pero sin contribucion alguna mensual.

Las norias de toda la península deben servirse, ó por bueyes ó bacas, si asi acomodase á sus dueños, ó por caballos precisamente, bajo las mismas reglas que van determinadas para el que usase mulas en este ministerio, menos la contribucion mensual.

En el reparto de bagages han de ser los últimos á dar este servicio los que para sus tráficos usasen de caballos en el modo siguiente. Las mulas ó machos han de salir dos veces como bagages, para que entre en turno el ganado caballar, que cumplirá con una sola vez y volverá á empezar el ganado mular; pero los burros y burras, que ni son estériles, ni perjudican á la mejora y aumento de caballos, alternarán con estos para salir de bagages.

Como los gefes militares de los cuerpos de infantería de servicio efectivo, ni pueden verificar la instruccion de sus regimientos á pie, y en tiempo de campaña se les precisa á tener caballo; seria utilísimo, que aun en tiempo de paz se les obligase á lo mismo, abonandoles S. M. la racion diaria de cebada y paja, que da á sus regimientos de caballería, con la precision de presentar en revista los caballos que montan; pero aunque algun gefe quiera mantener mas de uno, no se le abonará sino una sola racion en tiempo de paz, providencia que debe extenderse á los gobernadores, tenientes de rey y sargentos mayores. Y aunque no es presumible, que los oficiales de esta clase puedan abusar de esta providencia, en que S. M. los auxilia de un modo efectivo; sin embargo, si se verificase que han tomado raciones, no teniendo caballo que las consuma, se les suspenderá de sus empleos por seis meses sin sueldo, ó bien se les impondrá aquella correccion, que S. M. juzgue mas proporcionada á esta grave falta.

En los regimientos de la casa real puramente, en los facultativos, y en todos los que de nuevo puedan crearse, ha de ser general en los gefes la precision de tener caballo, y efectivo el abono de la racion para mantenerle.

Las maestranzas por razon de su instituto, y los pudientes por convencimiento de la utilidad de estas providencias, no es presumible dejen de esmerarse en mantener al animal mas hermoso que acaso existe en la naturaleza, cooperando asi á los deseos de S. M. y al bien esencial de la nacion; importancia á que los estimulará sin duda aquel entusiasmo, con que siempre se miró en España el uso de andar á caballo, probado de un modo auténtico en una de las preguntas del interrogatorio para la admision de los caballeros del órden de Santiago, que expresamente demanda, si el pretendiente ha cabalgado en asno alguna ó algunas veces. Estas maestranzas deben cada año remitir á S. A. S. una lista de los caballos con que se hallan sus individuos.

Sin precisar á ninguno, pero aconsejando á todos, se hará saber en las capitales, villas y lugares de todo el reino, que S. M. apreciará mucho el que cada individuo avise al corregidor ó justicia los caballos con que se halla; con la absoluta seguridad de que jamas se hará uso de esta noticia, sino para dar gracias á los que la presten de su adhesion al bien comun, y á las justas miras del gobierno; y con la advertencia de que al que no quisiere darla, ni por esto se le mortificará, ni se hará otra pesquisa alguna.

Se ha de hacer entender á todos los criadores la utilidad, que les traerá el establecimiento de prados artificiales, inculcándoles las máximas de Caton que en el capítulo 3º dice: *Si se tiene agua con abundancia en un dominio, será menester aplicarla toda con preferencia á prados de riego; pero cuando aquella falta será menester tambien prados secos, y en grande cantidad, porque es un empleo de terreno ventajoso siempre en cualquiera parte que se haga.* Si á este principio se añade la exclusion de las mulas ó machos en estos prados artificiales, sino cuando sobre el pasto para el ganado caballar (esto es en los pastos comunes; porque en los de dominio particular, mientras se permitan las mulas, es preciso que sea el consejo, y no la ley, el medio de conseguir lo mejor); si esto se hace, repetimos, el ganado caballar prosperará muy luego.

Conviene tambien que se haga público en la nacion, que luego que estén rectificadas nuestras castas de caballos, y aumentado su número; será absolutamente libre su extraccion al extrangero, porque debe ya haber acabado la preocupacion de que esto es dar fuerzas á nuestros enemigos. Ellos ciertamente no necesitan de caballos en número, pero los querrán sin duda, si nosotros adquirimos los que puedan producir los padres Lemosinos para silla, los Normandos y Napolitanos para coche, con los de la Calabria, el principado de Otrento, los de Frisia y los Flamencos, con los Daneses para coche y demas usos de tiro; y entonces no solo se resarcirán al Rey en los derechos que percibiese de venta los primeros gastos que ahora adelante, sino que darán á la nacion un capital que subirá á muchos millones en pocos años.

Si el ejército, (como al cabo habrá de hacerse, porque ha de llegar dia, en que por mas nubes que se interpongan, se ha de ver clara la necesidad de seguir á los romanos en su constante máxima de no variar jamas su disciplina peculiar; pero imitar siempre á los que querian vencer, en su táctica, en el uso de sus armas y en los pormenores de su conjunto militar.) Si el ejército, repite la junta, establece por provincias divisiones proporcionadas á los recursos del territorio, á la esencial circunstancia de ser fronterizas, y á otras, cuyo examen no tiene aqui su oportuno lugar; deberán ciertamente emplearse muchos caballos en estas mismas divisiones. Su artillería tendrá la completa dotacion de sus trenes que abraza muchos ramos, su caballería tendrá por regimientos los carros necesarios para el transporte de sus enseres precisos, de sus fraguas movibles, de su herrage preparado, de sus repuestos de campaña, y de aquel todo que hace no depender de los débiles recursos de los pueblos la importancia de trasladarse á donde la necesidad mande. La infantería se hallará con iguales acopios, y el todo del ejército resultará una máquina tan bien montada, que pueda verificar esas marchas rápidas, exactamente combinadas con la certeza de no tropezar con medios ó insuficientes ó retardados. Entónces podrán los generales españoles responder (supuesta la instruccion debida, y el establecimiento de los almacenes de provisiones) de sus operaciones militares, y no se oirá mas el grito ignominioso del necio, ó mal intencionado, que atribuye siempre á la ignorancia ó mala fe del ejecutor el daño, que proviene de la nulidad de los medios, ó por mejor decir de la falta absoluta de todos ellos. Á este bien militar de que depende, á pesar de las máximas ó poco meditadas ó sistemáticas, nada menos que la conservacion de los imperios y el renombre á que todos aspiran; se unirá el bien incalculable de no agobiar á los pueblos con esa multitud de bagages con esas vejaciones ignominiosas con que el colono infeliz sufre todo el peso, ya de la sórdida avaricia de los ministros inferiores, ya el mal trato de la indisciplina y el orgullo, ya enfin el menoscabo, no solo de su trabajo y ganancias diarias, sino el de las bestias mismas que experimentan aun peor trato que sus dueños miserables.

No hay, Señor, pueblo en España que no suscriba gustosísimo á una contribucion módica, porque se le liberte, ó á lo menos se le disminuya mucho el servicio duro de los bagages; y este recurso, que á muchos parecerá enteramente inconexo con el aumento y mejora del ganado caballar, tendrá sin embargo una influencia, que si no inmediata á su establecimiento, no tardará en conocerse por los efectos.

142. La realizacion de esta cuota penderá de la sabiduría del consejo, cuando su consulta, y sus luces recaben aquel establecimiento militar, porque suspira todo el que merece este nombre. ¡O si fuera dado á la junta poder exponer á V. M. cuanto sobre este particular se le ocurre! Ni es preguntada, ni ignora que estarian muy de sobra para los conocimientos de V. M. las débiles reflexiones que pudiera hacer; pero ella abunda en deseos de lo mejor, ella quiere como V. M. el bien de la patria, la gloria inmarcesible del Rey, la seguridad de sus dominios, y el nombre grande que supo sostener el imperio español allende de los mares y en el centro mismo de la Europa civiliza-

da. Todos los tribunales contribuyen sin duda á este objeto, todos son parte de aquel todo combinado que hacen el poder y la gloria de las naciones; pero V. M. es el conducto militar por donde el Rey puede saber las verdades, y computar la necesidad de dar á su ejército lo que puede faltarle para ser el garante de sus providencias, de su consideracion recíproca con las demas potencias, y de su felicidad que es su consecuencia.

143. Uno de los principales resortes para este importante logro es la mejora y aumento del ganado caballar; y vease aqui, Señor, la razon que animó á la junta para extender las reflexiones del parrafo anterior. Con el mismo objeto vuelve á recordar á V. M. la absoluta necesidad de prohibir desde el dia la extraccion de yeguas de la Andalucía para la Mancha ó Portugal. Este reino fronterizo de Extremadura, y aun de parte de Andalucía, perjudica de un modo jamas bastante ponderado á la cria del ganado caballar, cuyo fomento se desea. Es preciso prohibir bajo severísimas penas la venta de yeguas de vientre registradas á portugueses igualmente que á los manchegos; y esta averiguacion ha de ser cuando mas sumaria, perdiendo el vendedor cuantas yeguas se le aprendan como vendidas, y el comprador el importe que hubiese dado, ó que tuviese ya contratado, aun cuando no se haya verificado la entrega, como ya se apuntó. Y respecto á los portugueses ademas de las dichas se deben tomar aun providencias mas activas de acuerdo con el gobierno, que no es presumible se niegue á contener los daños, que sus individuos hacen á un limitrofe en la principal de sus grangerías. En los reinos de Granada y Jaen hay entre los pelantrines bastante número

de yeguas que llaman chirrinas, tan ruines y de mala especie, que apenas dan sino jacuelos: compren de estas enhorabuena los portugueses y manchegos; dénselas á sus garañones, y tendrán mulas mas pequeñas sí, pero útiles para ciertas labores, para la trilla, y aun para la arriería de no mucho peso. La extincion de estas chirrinas en Andalucía (luego que sea efectivo el aumento de buenos caballos y yeguas, precisando á sus dueños á que las vendan) seria tambien un medio indirecto de asegurar lo que se desea, pero se ha de entender que solo deben venderlas los que tengan yeguas de vientre con la marca y calidades, que inspeccionen y aprueben los comisionados para hacer buenas castas; pero siempre se ha de prohibir á estas yeguas chirrinas el que pasten en los sitios en que lo hagan las de vientre, no concediendo ademas á sus dueños los privilegios y exenciones, que puedan acordarse para los criadores de alzada y calidad. Importa mucho que se reconozcan las yeguas con el mismo cuidado y las mismas precauciones con que se dijo se deben examinar los caballos padres; y para esto será conveniente agregar al zelo é inteligencia de los comisionados un albeitar en cada provincia con conocimiento de los gefes del establecimiento veterinario de esta corte, á fin de que no sean equívocas las noticias, ni de sanidad, ni de configuracion y proporciones entre yeguas y caballos; atendiendo al destino que quiera dárseles, ya para el ejército, ya para el tiro de artillería, ya para el uso de los coches, ya para el mas rudo trabajo de los carromatos y demas usos de las conducciones por tierra, y ya enfin para la gala de los picaderos, y la ostentacion de los pudientes. Convendrá tambien que por el mismo establecimiento veterinario se formen unas cartillas veterinarias del modo que su director indique, y entónces serán de mucha utilidad y auxilio para los criadores. El permiso de mantener las chirrinas los pelantrines andaluces puede traer por ahora la utilidad de que se aumente el ganado caballar; y esto es ventajoso, porque será un contrapeso desfavorable hácia el mular, pero sin descuidar ni un ápice el fomento y mejora de caballos para los usos que van indicados; porque ni diez millones de jacos (que serán siempre los que produzcan las chirrinas con padres correspondientes á su clase) ni en una sola unidad serian útiles para el ejército, los coches, la artillería &c. &c.; y antes bien harian un gravámen, porque comerian los pastos que deben economizarse para el caballo verdaderamente útil al objeto que se propone. Si se logra el aumento de éste, las castas ruines ellas caerán por sí propias, pero es necesario no alucinarse con una abundancia estéril, que es tan perjudicial en lo físico como en lo moral.

144. Toda guia, tornaguia y demas formalidades inútiles y perjudiciales, que ahora estan en uso para la venta de potros ó caballos de una provincia á otra, han de acabar desde el dia en que se establezca el nuevo método, cuya principal ventaja consiste en dar libertad al criador, y en dejar que sea su interes pecuniario, el promotor, el garante, y el médio eficaz de aumentar y mejorar el ganado caballar.

145. Conviene tambien, Señor, muy mucho aniquilar si se pudiese ó disminuir á lo menos en mucha parte la abundancia de lobos, que particularmente en los terrenos inmediatos á las sierras, matan y destruyen gran número de

potrancas y potros con mucho perjuicio de esta ganadería. Hay, Señor, sobre esto leyes mas ostentosas que útiles. Las batidas generales que ha mandado el consejo se hagan en las cabezas de partido para perseguir á estas fieras, costeándose de los propios la comida y gastos de los concurrentes, no son otra cosa que un dia de solaz y contentamiento para todos los que solo piensan en su diversion, sin que jamas en el efecto haya otras resultas que las de todo concurso, sea de la clase que fuese, y en que obran siempre la diferencia del genio, de la inclinacion y de otras mil combinaciones. Muchos hombres juntos solo hacen algo, y pueden hacer mucho cuando la severa disciplina militar concreta á una sola voluntad el deseo de la muchedumbre. Seria infinitamente mejor, que en vez de estas romerías bacanales, se señalasen 200 reales á todo el que matase un lobo ó loba, y fuese de la clase que fuese el matador. Si la loba estuviese preñada, se darán 300 reales, y lo mismo si se presentase una camada, que llegue ó pase de dos cachorros aunque sean pequeños. Con este fin, el de pagar á los albeitares reconocedores de caballos padres y yeguas, y algunos otros gastos de menor entidad, se propuso en el parrafo 121 se pagasen por los caballos y yeguas introducidas del extrangero 300 reales vellon sobre su principal coste, y suponiendo vendidas las 4000 yeguas y 200 caballos padres, se tendrán 1.260.000 reales vellon, que deberán depositarse en poder del comisionado principal de la provincia, segun el producto de cada una, para atender á estas obligaciones. Este comisionado llevará una cuenta exacta de su contribucion, expresando en ella el dia que se dió el dinero por el lobo muerto, y el nombre del que le mató, con el fin de que este servicio le sirva de mérito para lo que pueda convenirle, expresando en la continuacion de los partes que dé al que dirija este ramo, segun se lo mandase, ser el segundo, tercero, &c. lobo muerto por un mismo sugeto. Cuando se acabe este fondo provisional, es preciso sostituirle de un modo efectivo, para que siempre tengan los comisionados provinciales dinero en metálico que distribuir en sus casos, y á este fondo ha de llamarse. *Fondo de mejoras para el fomento del ganado caballar.* Si el que matase el lobo ó loba no quisiese el premio pecuniario por ser pudiente, se expresará en el informe esta circunstancia. Este medio producirá mejores efectos sin duda que las batidas generales, pero aun desconfia la junta de que sea tan eficaz como desea. Si el gobierno toma con empeño la extincion posible de los lobos la logrará sin duda, pero son menester muchos fondos, grande constancia y un método mas detallado.

146. Nada debe parecer demas para el remedio de nuestra falta de caballos que cada dia ha de ser mayor. En tres años desde el de 1788 hubo en las yeguas la diminucion de doce mil novecientas treinta y siete segun los registros de aquel tiempo. (*) ¡Cuanta, Señor, será despues de seis años de cuita y desolacion! El supremo consejo debe saberlo, y aplicar remedios capaces de contener el daño. Sin embargo, cree la junta que es preciso desconfiar mucho de las relaciones, que en el dia se remitan al consejo por las justicias y demas interventores; porque el deseo de libertarse de reconvenciones y el interes que solo tienen en

(*) Pomar. Causas de la escasez de caballos de España, pag. 88 impresion de 1793.

la verdad de los partos los plebeyos por gozar del privilegio de libertad de quintas, alojamientos y otros, debe producir precisamente en aquellos pudientes, que ó no den los avisos debidos ó se condescienda con sus amaños por alguno de los muchos resortes, que no ignora la práctica y sabiduría del consejo. Asi que la principal obligacion, que ha de imponerse á los comisionados de cada provincia, y lo que mas se ha de celar en las visitas de los sub-inspectores, es la exacta noticia de las yeguas, caballos padres, potrancas y potros, que existan en el tiempo en que esto se examine; pero el mejor medio de lograrlo es libertar á estas noticias de fórmulas complicadas, reduciéndose su exposicion al número de yeguas y sus años por clases, esto es, bajo una numeracion las de seis años v. gr., en otra las de siete, todas de vientre y reseñadas, regla que ha de ser comun para los caballos padres, potrancas y potros de ambas especies. En otra las chirrinas y jacos de ínfima clase; y en nota á parte se pondrán las que puedan estar decaidas absolutamente, y las que se consideren de buen servicio; y lo mismo con los caballos &c.

147. Todo labrador que labrase sus tierras ó las agenas, con dos mulas deberá tener precisamente una yegua de cria, que ha de dar al caballo padre que mas le acomode de los aprobados; pero si ara con bueyes, vacas ó caballos, nada se ha de exigir de él, bien entendido que los caballos con que se are han de ser capones en todas partes.

148. La junta, Señor, cree debe terminar aqui el informe que se le ha pedido. Sabe que quedan aun muchas reflexiones que hacer, muchas medidas negativas que tomar, y muchos pormenores que desenvolver; pero esto y todo

lo demas, que pueda imaginarse para la mejora del ganado caballar, vendrá siempre á parar en que el verdadero modo de fomentar este ramo es dejar la posible libertad á los criadores; y como siempre las verdades, que son esencialmente tales, hallan pruebas en hechos que todos conocen de un modo no equívoco, la junta llama la atencion del consejo á lo que sucede con las mulas en la provincia de la Mancha. Ni una ley sola existe, sino las prohibitivas para esta grangería que tanto les produce. Aun hay mas, Señor: contra las intenciones del gobierno, contra las declamaciones de los sabios, contra leyes positivas, desde el señor D. Carlos segundo; el interes de los manchegos ha sabido eludir las dificultades, se ha burlado de los preceptos, halló el secreto de encontrar muchos y buenos pastos en la provincia, acaso menos á propósito para ellos, tuvo fondos para pagar alguna vez hasta cuatro mil pesos por un garañon, y comunmente sesenta doblones por cada buena yegua andaluza, y no pocas casas manchegas son ricas y muy ricas con el producto de un mónstruo que hizo valer la preocupacion, y dejó al interes todos los caminos de gritar al universo que el interes manda, el interes sabe, el interes combina y el interes lo es todo. Pregúntese pues á los manchegos de que medios se han valido para hallar pastos, y para que en veinte mulas no salga ni una defectuosa. Ellos dirán, Señor, que eligen padres escrupulosamente, que destetan las crias á los cinco ó seis meses, que preservan á padres, madres é hijos de la intemperie de las estaciones, que jamas les escasean la comida, que en las tierras de secano previenen con las labores oportunas, las ventajas de las lluvias en los tiempos comunes, que aprovechan el agua do quier que la hallan, que combinan las estaciones para dar á pesebre los piensos necesarios á las mulas débiles, y á las madres menos robustas, que examinan por sí mismos estos pormenores que tanto producen, y que el interes es su guia, su maestro, su ley, su exclusiva regla. V. M., Señor, no puede dejar de aprobar este raciocinio, porque los hechos jamas fueron cuestionables.

149. Fáltale, Señor, á este informe aquella maestría del pincel, que en un solo rasgo daba á la mano certera de un Rafael, un Mengs y un Velazquez la incomprensible facilidad de anunciar con una expresion encantadora la angustia del dolor, la risueña expresion del placer las terribles atribuciones del miedo y aun la anhelante modificacion de la esperanza. Sí, Señor, le falta esto, es verdad; pero todavía se atreve á esperar, que si la comprension analítica de V. M. tiene á bien profundizar lo que dice, ha de ver allá en los últimos términos del cuadro lo que dejó de decir, por fiarlo como era justo á las luces, y á la mayor autoridad del supremo tribunal á quien informa.

150. V. M., Señor, se ha de servir admitir como de verdad no equívoca el deseo de lo mejor que anima á la junta, y la cíncera protesta de que sujeta á la respetable censura de V. M. cuanto respetuosamente ha expuesto. Madrid marzo 7 de 1815. = Antonio Amar. = Manuel Freyre. = El Marques de Casa-Cagigal. = Diego Ballesteros.

ERRATAS.

Pag.	Lín.	Dice.	Léase.
19	5	rendicion.	redencion.
65	22	medio.	miedo.
120	13	harian.	serian.
125	23	cincera.	sincera.

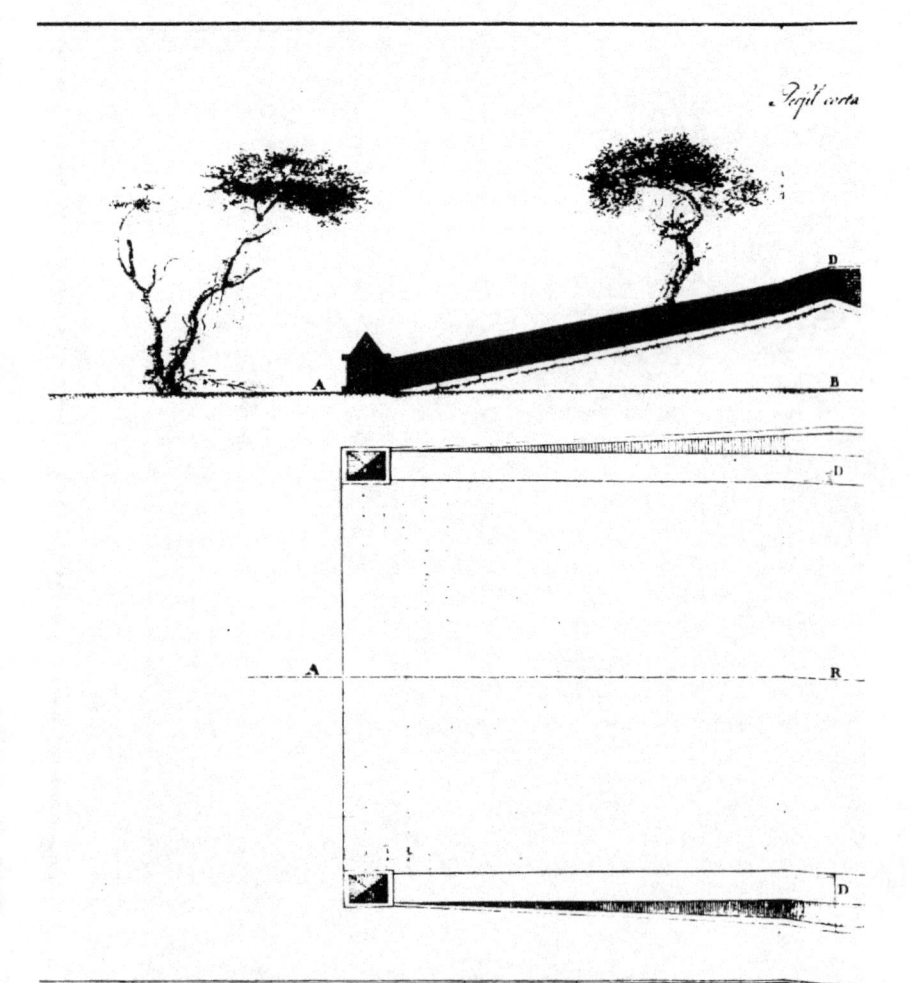

PLANO Y PERFIL DE UNA BALS...
...cion. AB Nivel del terreno. AR Rampa por donde suben los cab...
...la pared del estanque, y sostiene las tierras de la rampa. FE Fondo del est...

Perfil cortado por la línea AE.

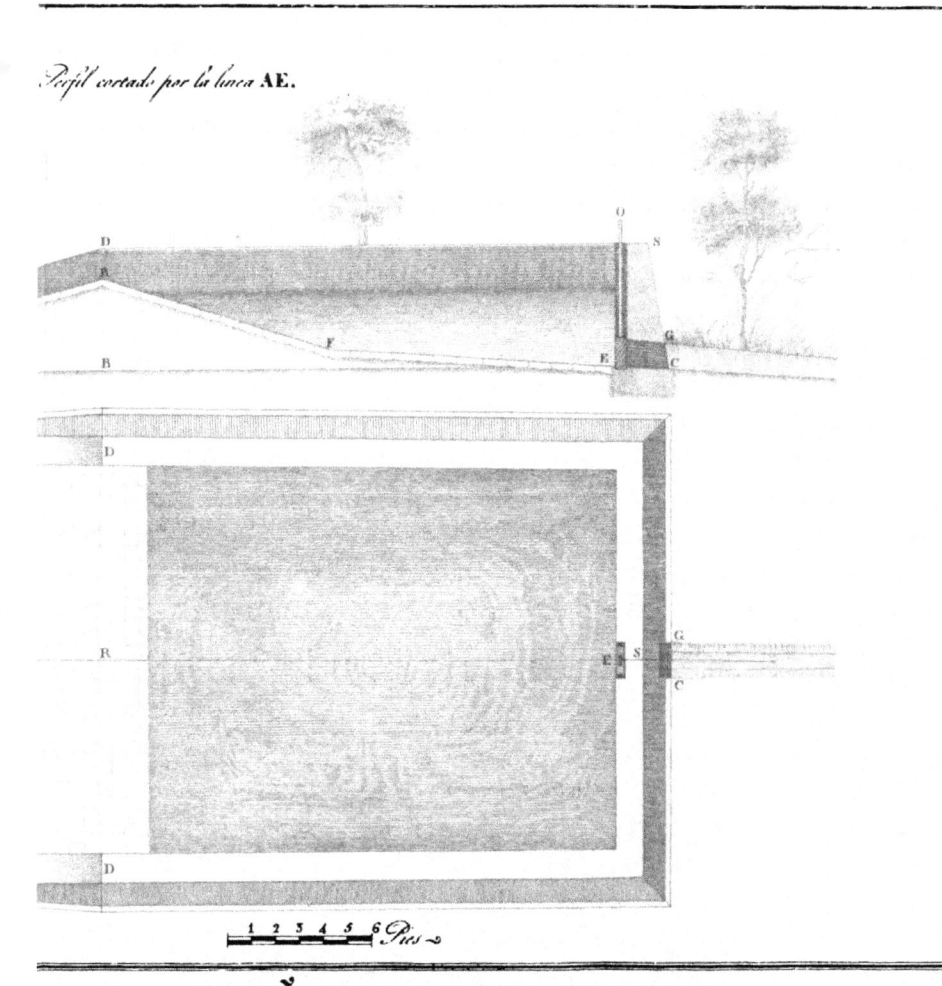

1 2 3 4 5 6 Pies

BALSA PARA BAÑARSE Y BEBER LOS CABALLOS.

300

NOT IN BAG UNDER AMAR

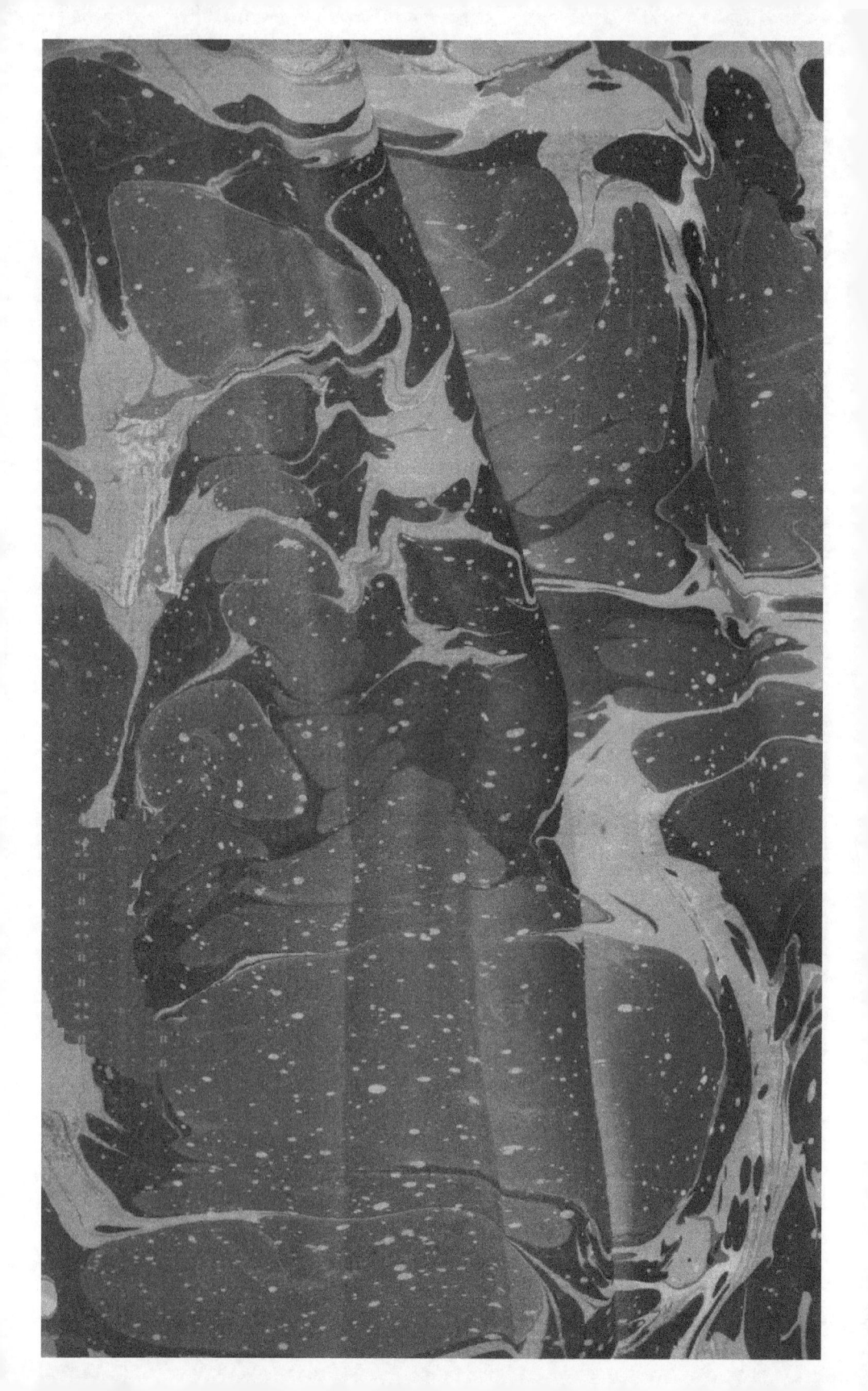

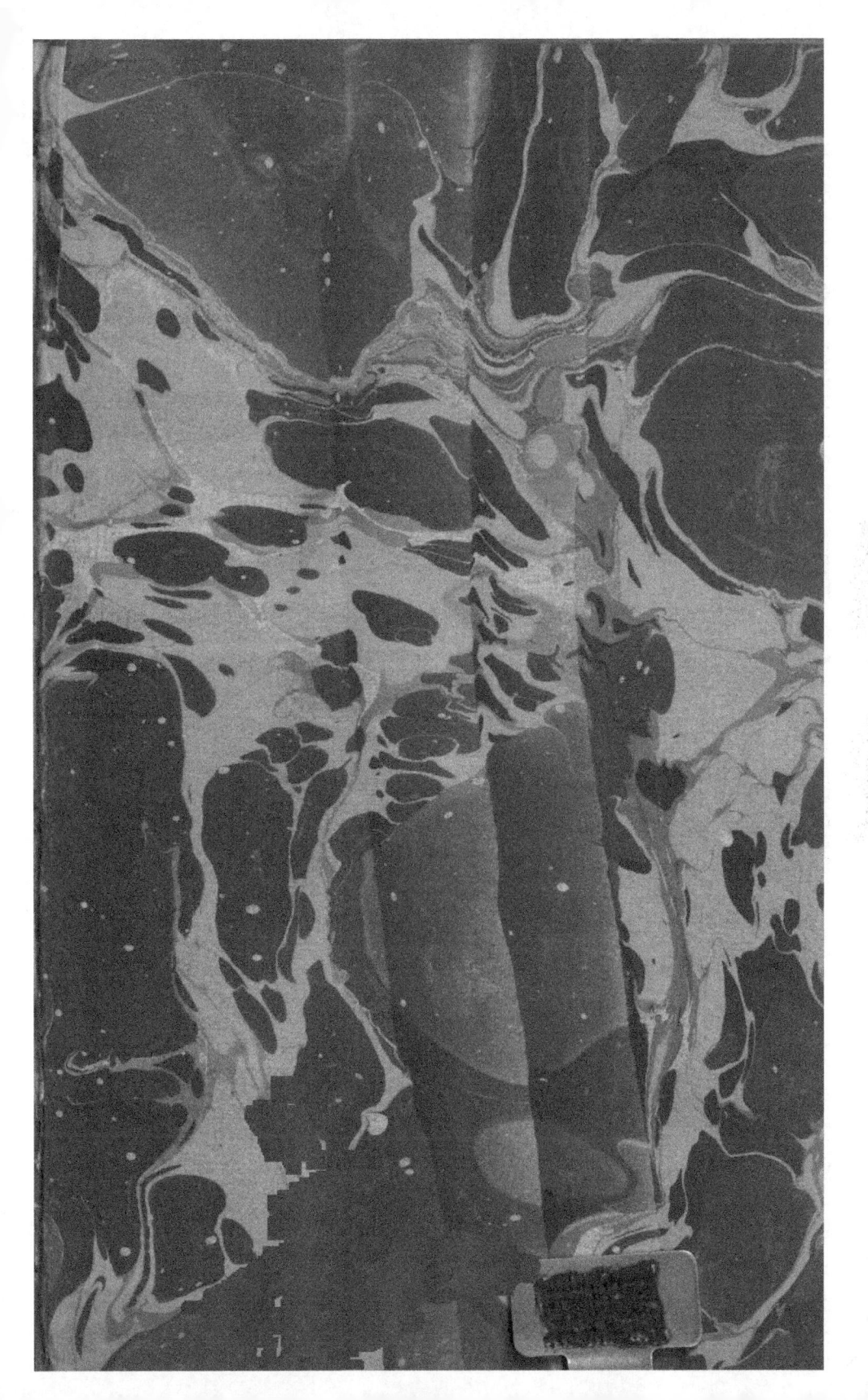

Check Out More Titles From HardPress Classics Series In this collection we are offering thousands of classic and hard to find books. This series spans a vast array of subjects – so you are bound to find something of interest to enjoy reading and learning about.

Subjects:
Architecture
Art
Biography & Autobiography
Body, Mind &Spirit
Children & Young Adult
Dramas
Education
Fiction
History
Language Arts & Disciplines
Law
Literary Collections
Music
Poetry
Psychology
Science
…and many more.

Visit us at www.hardpress.net

Im The Story
personalised classic books

"Beautiful gift.. lovely finish.
My Niece loves it, so precious!"

Helen R Brumfieldon

★★★★★

UNIQUE GIFT

FOR KIDS, PARTNERS AND FRIENDS

Timeless books such as:

Kids

Alice in Wonderland • The Jungle Book • The Wonderful Wizard of Oz
Peter and Wendy • Robin Hood • The Prince and The Pauper
The Railway Children • Treasure Island • A Christmas Carol

Adults

Romeo and Juliet • Dracula

- **Highly** Customizable
- **Change** Books Title
- **Replace** Characters Names with yours
- **Upload** Photo for inside pages
- **Add** Inscriptions

Visit
Im TheStory.com
and order yours today!